DES SOCIÉTÉS

A

RESPONSABILITÉ LIMITÉE

EN FRANCE

HISTORIQUE — COMMENTAIRE — STATUTS

AVEC UN APPENDICE

CONTENANT LES MOTIFS, LE RAPPORT DE LA LOI DU 5 MAI 1863
ET LES STATUTS OFFICIELS ANGLAIS.

PAR

LÉON INNOCENT, ancien notaire
URBIN DESVAULX, avocat

PRIX : 2 fr. 50.

PARIS

Chez COTILLON, Libraire du Conseil d'Etat
Rue Soufflot, 23, près du Panthéon

1863

DES SOCIÉTÉS

A

RESPONSABILITÉ LIMITÉE

EN FRANCE.

DES SOCIÉTÉS

A

RESPONSABILITÉ LIMITÉE

EN FRANCE

HISTORIQUE — COMMENTAIRE — STATUTS

AVEC UN APPENDICE

CONTENANT LES MOTIFS, LE RAPPORT DE LA LOI DU 5 MAI 1863
ET LES STATUTS OFFICIELS ANGLAIS.

PAR

LÉON INNOCENT, ancien notaire
URBIN DESVAULX, avocat

PARIS

Chez COTILLON, Libraire du Conseil d'Etat
Rue Soufflot, 23, près du Panthéon

1863

A NOS LECTEURS :

Le livre que nous soumettons au jugement du public est une œuvre de pratique et d'expérience.

Depuis trente ans, nous avons, soit à Paris, soit dans la ville la plus commerciale de France, vu naître, fonctionner et trop souvent périr les sociétés de commerce autorisées par la loi du moment. Nous avons même coopéré à la fondation de nombre d'entre elles, et ce n'étaient pas les moins importantes. Nous venons donc parler d'une matière longuement étudiée et souvent pratiquée.

Nous avons été mis à même de connaître les vices de la législation sur les sociétés commerciales et de rechercher les moyens de les corriger :

Nous savons que le titre III du Code de commerce qui, en trente-trois articles, traite de toutes les sociétés commerciales, est une œuvre sans méthode, sans profondeur, qui ne tient compte ni des besoins de l'industrie, ni des tendances de l'esprit d'association, ni de ses écarts.

Nous savons que la loi du 17 juillet 1856, sur les sociétés en commandite par actions, est, selon l'expression du premier magistrat consulaire de France, *une loi désavouée par nos mœurs.*

Nous savons que les perfectionnements tentés cette année sont extrêmement timides.

Noùs savons enfin que la *Société à responsabilité limitée* fut, à l'origine, empruntée à notre Code ; qu'elle s'est améliorée en s'acclimatant chez un peuple qui a en horreur l'asservissement à une bureaucratie rétrograde.

Que nos rédacteurs de lois se sont effrayés de l'allure libre du contrat anglais, et qu'en nous le donnant, ils l'ont entouré de tant d'entraves, de liens si étroits, de barrières si hautes, garnies de tant de pointes de fer, qu'il sera peut-être bien difficile, à la Société à responsabilité limitée, de se mouvoir et de montrer chez nous la force de production et la vigueur créative qu'elle a déployées en Angleterre.

Notre travail a pour but de faire connaître la loi nouvelle, de signaler ses imperfections et d'y remédier autant que possible.

Il présente en peu de mots l'histoire philosophique de nos sociétés commerciales et la filiation de la loi à responsabilité limitée.

Il explique la portée de chaque article et les améliorations qui semblent désirables.

Il applique enfin les idées émises et les rend pratiques en offrant, aux fondateurs des sociétés à créer, un projet de statuts.

Nous avons complété le livre par un appendice qui contient l'exposé des motifs ainsi que le rapport présentés au Corps législatif en 1862 et 1863, et qui se termine par les *Statuts de la Société à responsabilité en Angleterre*.

C'est une formule qui fait partie de la loi en vigueur (7 août 1862), et qui est considérée comme le régime légal en cette matière, faute de convention spéciale.

Nous savons qu'on ne peut devancer l'expérience, que notre œuvre appelle des développements importants et des perfectionnements nombreux ; nous accueillerons donc avec reconnaissance les critiques des hommes éclairés. La carrière récemment ouverte au commerce est semée de tant d'obstacles, qu'il sera bon de mettre en commun tous les efforts, si on veut la parcourir sans encombres.

Paris, 24 juillet 1863.

LÉON INNOCENT, URBIN DESVAULX.

DES SOCIÉTÉS

A RESPONSABILITÉ LIMITÉE.

CHAPITRE PREMIER.

SOCIÉTÉS COMMERCIALES.

L'industrie et le commerce sont en France choses nouvelles.

Avant 1789, le mouvement industriel et commercial n'existait réellement pas ; il était de principe que le droit de travailler émanait du roi ; pour gagner sa vie avec ses bras, il fallait à tout Français l'autorisation royale ; pour exercer une profession de marchand ou de fabricant, on devait obtenir une maîtrise, se faire agréger à un corps de métier, qui défendait ses attributions comme propriétés privées auxquelles on ne pouvait toucher impunément ; ce qui, pour le dire en passant, rendait tout progrès et toute invention impossibles.

Ces institutions remontaient au milieu du treizième siècle, au temps où saint Louis faisait rédiger les règlements des *cent métiers* de Paris par Etienne Boileau, prévôt des marchands. Elles ne furent abolies que cinq cent cinquante ans plus tard par l'Assemblée constituante, qui proclama la liberté du commerce, de l'industrie et du travail en général.

Pendant les douze ans qui s'écoulèrent jusqu'au Consulat, la France recueillit peu de fruit de cette émancipation. Attaquée au dehors par toute l'Europe, déchirée au dedans par des factions sanguinaires, elle défendait son droit de vivre avant de songer au bien vivre.

Dès les premières années du siècle actuel, Napoléon, consul, jeta les bases d'une organisation sociale toute nouvelle. Moralement, la France présentait l'aspect que doit offrir une ville qui a subi un tremblement de terre prolongé : il n'y avait que des ruines. L'administration, le culte, la législation civile, la justice, l'agriculture, le commerce, l'armée, les finances, il fallait tout créer de nouveau. Il s'agissait (qu'on nous pardonne ce grand mot) d'une véritable Palingénésie sociale ; Napoléon l'accomplit.

Au Consulat succéda l'Empire : ce fut le temps des grands combats et des conquêtes. Toutes les forces vives de la France renaissante, toutes ses ressources s'épuisèrent dans un conflit gigantesque, qui prit fin alors seulement que notre pays se sentit épuisé par ses victoires mêmes.

En 1814, les Bourbons revinrent ; sous leur règne peu glorieux, mais paisible, la France pansa ses plaies et les guérit ; sa convalescence fut courte. Après quelques années de sommeil, le génie français, réveillé subitement, se manifesta dans toutes les sphères de l'activité humaine.

Des aspirations politiques se firent jour ; la littérature tenta des voies nouvelles, les arts l'y suivirent ; les sciences se signalèrent par des progrès et des découvertes multipliées, l'industrie et le commerce prirent leur essor.

C'est à moins de quarante ans en arrière, c'est à 1823 ou 1824 qu'il faut fixer le début de ce mouvement général des intelligences.

Une exposition des produits de l'industrie avait déjà montré en 1819 que la France utilisait les loisirs de la paix ; une autre exposition fut faite en 1823 sous le ministère de M. de Villèle ; elle arrachait à un économiste anglais cette remarque : « En France, » les arts industriels marchent à pas de géant vers » la perfection. Des manufactures encore dans l'en- » fance il y a cinq ans sont déjà parvenues au plus » haut point de développement. Dans les arts » d'agrément, les Français ont toujours occupé le » premier rang ; les voilà pour le moins au second » dans la fabrication des choses utiles et usuelles. »

Le commerce intérieur et extérieur faisait les mêmes progrès.

Pour ne pas nous écarter de notre sujet par de trop longues digressions, disons tout de suite que sous Louis-Philippe, après l'interruption momentanée que causa le changement de dynastie, l'industrie et le commerce se développèrent de plus en plus et qu'ils trouvèrent un aide puissant, dans l'esprit d'association qui ne tarda pas à se manifester.

En France, comme dans tous les pays vraiment industriels, chacun prit l'habitude de consacrer une partie de ses épargnes à des opérations de commerce ou d'industrie. Les petites sommes, économisées par les travailleurs, se groupèrent, se réunirent pour commanditer les entreprises qui paraissaient offrir sécurité et bénéfice, et le concours public rendit possibles un grand nombre d'affaires, qui jadis ne pouvaient se réaliser qu'avec le secours de puissants capitalistes.

Cet appui apporté à l'industrie par les petits capitaux lui était très-profitable, car il l'affranchissait de la tyrannie des gros bailleurs de fonds, qui d'ordinaire ne s'intéressent dans une affaire que s'ils peuvent s'y réserver des bénéfices usuraires et une domination absolue.

Mais quelle était la loi qui réglait cette association de l'argent de tous, avec l'intelligence de quelques-uns?

Nous sommes obligés de reconnaître qu'elle était très-imparfaite. Les sociétés commerciales, régies par le Code de commerce rédigé en 1807, époque où l'esprit d'association n'existait pas, laissaient beaucoup à désirer. Cette loi n'était pas le fruit de l'expérience ; en grande partie elle reproduisait les ordonnances rendues par les soins de Colbert en mars 1673 *sur le commerce*, en août 1681 *sur la marine*, c'est-à-dire une législation surannée, qui n'avait pas été modifiée au contact des faits et des besoins nouveaux.

Le Code de commerce reconnaissait trois espèces de sociétés :

La société en nom collectif,

La société en commandite,

La société anonyme.

La SOCIÉTÉ EN NOM COLLECTIF avait pour but l'union de deux ou plusieurs commerçants, qui, pour faire le négoce, s'imposaient des devoirs et des obligations pareils; c'était un contrat entre gens de même profession, également expérimentés, également capables de défendre leurs intérêts; la loi n'avait rien à y voir ; les associés faisaient eux-mêmes leurs conditions par le pacte social. Aussi, le Code de commerce se bornait-il à prescrire à ces sociétés quelques mesures d'ordre public, telles que la publicité donnée au contrat, la constatation des opérations d'une manière inaltérable.

La SOCIÉTÉ EN COMMANDITE est celle qui se forme entre : 1° un ou plusieurs associés qui doivent administrer les opérations et qui seront responsables indéfiniment des dettes ; 2° un ou plusieurs associés, simples bailleurs de fonds, qui ne seront responsables que sur la somme qu'ils auront promis de mettre en société.

Cet acte se présente, dans la loi, d'une manière très-modeste ; il semble que ce doit être une espèce de contrat de famille, formé entre personnes liées par l'amitié ou par le sang, les unes commerçantes, les autres étrangères au négoce, et que ces dernières, mues par une confiance éprouvée, remettent aux autres un capital pour le faire valoir dans le commerce et sous leurs yeux.

Une seule interdiction est imposée aux bailleurs de fonds : ils ne doivent pas, à peine de devenir responsables de toutes les dettes, s'immiscer dans la gestion des affaires communes, et cela paraît bien naturel puisque, sans être responsables eux-mêmes, ils pourraient imposer aux gérants, par leur inexpérience, des responsabilités ruineuses.

En lisant les travaux préparatoires du Code de commerce il semble bien que c'est ce contrat tout simple que les législateurs voulaient réglementer, et que c'est par l'effet d'une distraction involontaire que leur est échappé l'article 38, qui bouleverse complétement l'économie de cette espèce de société. Pour en faire mieux voir la portée, il faut que, comme le Code de commerce lui-même, nous parlions d'abord de la société anonyme.

La SOCIÉTÉ ANONYME est une association de capitaux et non pas de personnes, car aucun des associés ou administrateurs n'est garant des dettes.

Le capital fixé est divisé en fragments de sommes égales, représentés par des *actions*, ou *coupons d'actions* qui peuvent être *nominatifs* ou *au porteur*.

Ce capital est seul engagé pour le paiement des dettes sociales.

Les associés propriétaires d'actions sont libérés de toutes charges, quand ils en ont versé le montant à la caisse.

Les administrateurs sont nommés par les actionnaires, pris parmi ceux-ci ou en dehors de la société. Ce sont de véritables mandataires, toujours révocables, et qui n'ont d'autres devoirs, que de bien exécuter leur mandat.

Pour qu'une société anonyme existe, l'acte qui la constitue doit être approuvé par l'Empereur, dans la forme des règlements d'administration publique.

Cette solennité, exigée pour l'autorisation de la société anonyme, était une tradition de l'ancien régime qui, à l'égard des grandes opérations de banque, ou de commerces privilégiés avec les pays d'outre-mer, avait pratiqué cette société, depuis le seizième siècle, sans lui donner de nom particulier. Aucune loi n'en avait déterminé les règles. L'ordonnance de 1673 sur le commerce, rendue par Louis XIV, n'en parlait pas, bien qu'à la même époque il existât un certain nombre de sociétés de cette espèce, notamment la *compagnie d'Afrique*, la *compagnie du Levant*, la *compagnie de Saint-Domingue*, la *compagnie des Indes-Orientales*, etc.

Lorsque des sociétés de ce caractère se créaient c'était par l'initiative du gouvernement, qui faisait une loi spéciale. Il réglait les droits et les obligations des administrateurs, des actionnaires; soit entr'eux, soit vis-à-vis des tiers. Les sociétés qui mirent en œuvre, sous la Régence, le système de Law étaient des compagnies privilégiées et de véritables sociétés anonymes.

Le Code de commerce fit ce que n'avait pas fait l'ordonnance de Colbert, il pòsa les règles de la *société anonyme* et lui conserva beaucoup trop, selon nous, son caractère de privilége en exigeant l'intervention du conseil d'Etat et un décret impérial pour qu'elle pût exister.

Dans l'exécution, le gouvernement ajoutait encore aux difficultés légales.

Quand une société anonyme se fondait, il fallait l'intervention de la police pour connaître et scruter la solvabilité et la moralité des souscripteurs des actions.

Les statuts étaient examinés à la loupe par le ministre spécial, et pour des minuties, pour des rédactions qui ne plaisaient pas à un chef de bureau, il exigeait des rectifications inutiles, ce qui prenait des semaines et des mois.

On ne réglait pas avec les actionnaires les droits des fondateurs, les avantages ou rémunérations à accorder aux administrateurs. Le ministre tranchait lui-même ces questions-là.

Dans certaines circonstances, le ministre nommait des commissaires pour surveiller et contrôler les opérations sociales.

D'après la jurisprudence ministérielle ces sociétés, même après qu'elles étaient constituées régulièrement, n'existaient que sous le bon plaisir de l'autorité. En effet, le décret d'autorisation réservait toujours le droit de la révoquer, en cas de violation ou d'inexécution des statuts approuvés.

Nous doutons que cette réserve doive produire quelque effet et que la société anonyme une fois formée soit valablement dissoute par un retrait de l'approbation qui lui a été donnée. Nous ne voyons dans aucun texte de loi que la société anonyme puisse prendre fin de cette manière, et nous considérons la réserve des décrets comme abusive et inefficace.

Par suite des difficultés inhérentes à sa constitution, et peut-être aussi à cause de sa situation précaire, on ne s'est pas beaucoup servi de la société anonyme jusqu'à l'époque où se sont fondées les nombreuses compagnies de chemins de fer qui maintenant sont presque toutes fondues dans les six grandes compagnies.

CHAPITRE II.

SOCIÉTÉS EN COMMANDITE PAR ACTIONS.

Dès 1824 on avait appris à tirer bon parti de la société en commandite qui, modifiée par l'article 38 du Code de commerce, devenait la *société en commandite par actions.*

Cet article 38 ne rentrait pas dans les dispositions primitives de la loi, il y avait été introduit, sur la proposition d'un jurisconsulte éminent, M. Treilhard, l'un des auteurs du Code civil, et depuis président de la section de législation du conseil d'État; il est ainsi conçu :

« Le capital des sociétés en commandite pourra » être *aussi* divisé en actions. »

Il venait après les articles 35 et 36, qui portent que les actions de la société anonyme représentant le capital peuvent être *nominatives* ou *au porteur;* que la propriété et la transmission des premières peut résulter de l'inscription sur les livres de la société; que les autres peuvent être cédées par tradition manuelle.

De cet article 38 résultait la possibilité de fixer un capital pour la société en commandite par actions, aussi important qu'il convenait aux fondateurs;

De le diviser en fractions selon leur volonté ;

De représenter ces fractions soit par des *actions nominatives* cessibles dans la forme la plus simple, soit par des *actions au porteur* transmissibles de la main à la main.

La loi livrait ainsi, au premier venu, le droit de créer une espèce de papier monnaie, sans surveillance et sans contrôle, et sans aucune précaution pour protéger les bailleurs de fonds trop confiants.

Il ne manquait plus, pour ajouter au péril de la situation, que de donner aux fondateurs de sociétés des moyens de publicité faciles; cet avantage ne leur fit pas longtemps défaut : dans les dernières années de la Restauration, par l'effet d'une loi fiscale qui rendait le timbre des journaux timbre de dimension, et qui, en fixant un maximum utile à atteindre, incitait les feuilles publiques à agrandir leur format, l'annonce marchande et financière fut créée, elle donna le moyen, au prix de quelques sacrifices d'argent, de se mettre en rapport avec le public, de faire appel à ses capitaux.

Les préoccupations politiques de 1827, qui se manifestèrent par le licenciement de la garde nationale parisienne, par l'intervention en Grèce et la bataille de Navarin, par les élections dans le sens libéral, ralentirent seules le mouvement industriel et financier qui se déclarait.

Le ministère Martignac remplaça le ministère de

Villèle en 1828; le ministère Polignac fit son apparition en 1829 et publia, en 1830, les fameuses ordonnances de Juillet, qui causèrent le renversement des Bourbons de la branche aînée et l'avénement de Louis-Philippe d'Orléans.

De longues agitations suivirent ces événements multipliés; elles suspendirent la marche ascendante des sociétés en commandites par actions; les appels aux capitaux du public ne se produisirent que rarement. Il y en eut pourtant assez pour rendre opportune la solution d'une question relative à ces sociétés, question qui partageait les jurisconsultes de l'époque.

La division du capital commanditaire en actions ne faisait pas de doute, le texte de l'article 38 du Code de commerce étant très-explicite à cet égard; mais plusieurs bons esprits se demandaient si les actions qui représentaient ce capital pouvaient être *au porteur?*

Deux célèbres avocats du barreau de Paris, M. Dupin aîné, aujourd'hui procureur général à la Cour de cassation; M. Persil, depuis garde des sceaux, soutenaient que ces actions ne pouvaient être que nominatives. Ils se fondaient principalement sur l'article 27 du Code de commerce, qui défendait tout acte de gestion aux commanditaires à peine de responsabilité absolue des dettes sociales. « Comment, disaient-ils, peut-on savoir quels sont

» les commanditaires, quelles personnes oblige » l'article 27, si les commanditaires restent in- » connus, si on peut posséder une part notable de » la commandite, avec des titres dont la posses- » sion est ignorée? »

M. Locré, M. Pardessus, M. Horson, dont les opinions en matière de droit commercial étaient de grand poids, partageaient cet avis; néanmoins, il ne prévalut pas, et un arrêt de la Cour d'appel de Paris, du 7 février 1832, qui a fait jurisprudence, décida *qu'une commandite pouvait être divisée en actions au porteur.*

Depuis cette époque, il a été largement usé et souvent abusé de la société en commandite par actions, qui n'y prêtait que trop! Les règles de ce contrat étaient si vagues, les auteurs de la loi avaient si peu prévu la possibilité d'en mésuser, au détriment du public, que la carrière était libre pour toutes les fraudes.

Dans cette société, dont un seul contractant rédigeait les conditions et stipulait les garanties, aucune mesure légale ne constatait la réalité des apports faits par les fondateurs et leur valeur véritable.

Aucune précaution n'était prise pour établir l'existence effective du capital annoncé.

La société pouvait être considérée comme constituée avec un dixième, avec un centième de la somme jugée nécessaire pour l'opération ; il suffisait même qu'une seule action fût souscrite pour que les statuts sociaux pussent devenir définitifs.

Afin d'attirer les souscripteurs, on leur laissait souvent la possibilité de s'affranchir des obligations contractées par leurs souscriptions ; on leur assurait la liberté de se dégager de toute obligation personnelle, en cédant leurs actions sans responsabilité du versement.

Il n'y avait pas de limite au morcellement du capital ; on arrivait à des fractions infimes ; on avait créé des *actions de vingt-cinq francs*, de *dix francs*, même de *cinq francs !* cela semble incroyable, et cependant le scandale fut poussé jusque là, à l'occasion des sociétés qui se formèrent sous prétexte d'exploiter les mines d'or de la Californie ; on voulait recueillir même les économies du mendiant.

Le conseil de surveillance, chargé de représenter les intérêts de la commandite, de maintenir le gérant dans les limites de l'honnêteté et de la prudence, ne tenait ses pouvoirs que du pacte social ; les droits qui lui étaient accordés pouvaient être assez limités pour le priver de toute action efficace ; en outre, il était retenu par les termes rigoureux de l'article 27 du Code de commerce, chacun des membres qui composait le conseil craignant de voir ses avis, ses recommandations considérés comme des actes de gérance qui le rendraient responsable des dettes sociales.

Si les actionnaires se réunissaient en assemblée générale, pour entendre les comptes annuels et pour s'occuper des intérêts sociaux, ce n'était pas parce que la loi leur en assurait le droit, mais parce qu'il était écrit dans les statuts; aussi les choses étaient-elles souvent disposées de telle manière, que les pouvoirs des assemblées devenaient illusoires et que les délibérations étaient votées, telles que les avaient préparées d'avance le gérant et ses affidés.

Rien ne garantissait la réalité des bénéfices annoncés chaque année par la gérance; personne n'y regardait après elle ; et en les prenant sur le capital social, on parvenait à donner aux actions une valeur fictive, qui pouvait aider à bien des fraudes.

Enfin, quand les abus étaient constatés et que les actionnaires voulaient en demander la répression ou l'abolition, ils venaient se heurter contre l'omnipotence d'un gérant inamovible ; il leur fallait plaider à leurs frais, et dépenser d'autant plus d'argent, qu'il y avait un plus grand nombre de plaignants.

Malgré la vigilance et la sévérité des tribunaux ordinaires et extraordinaires, qui eurent souvent à sévir, ces abus allèrent croissant, ils étaient flagrants et nombreux dès 1847 ; ils le devinrent plus encore de 1852 à 1856, quand la prospérité renaissante, la confiance dans l'avenir et l'abondance des capitaux rendirent faciles les opérations industrielles et financières. Quelques procès scandaleux éveillèrent l'attention de l'autorité publique et elle résolut de réformer ou plutôt de compléter la loi qui régissait les sociétés en commandite par actions.

CHAPITRE III.

LOI MODIFICATIVE DES SOCIÉTÉS EN COMMANDITE PAR ACTIONS.

Le premier projet de loi relatif à cette réformation que prépara le conseil d'Etat semblait destiné à compléter le Code de commerce, en ce qui concernait la société anonyme aussi bien que la société en commandite. Il s'était occupé de toutes les sociétés commerciales, dont le capital est représenté par des actions. On prétend qu'une haute influence financière, qui, depuis quelques années, avait usé largement de la société anonyme et qui savait l'assouplir, obtint qu'on maintiendrait le *statu quo* pour ce contrat. Nous redisons ce mauvais bruit sans y croire, nous pouvons seulement affirmer que nous avons vu un imprimé de ce premier projet, qui embrassait les deux espèces de sociétés.

Quoi qu'il en soit, le gouvernement présenta la

loi au Corps législatif, dès le mois de mai ; l'examen de la Chambre fut long et approfondi, et finalement elle vota le projet sans changement. Il s'agissait de restaurer la morale et la loyauté commerciales, les députés se laissèrent entraîner, et oublièrent le précepte de M. de Talleyrand, qui voulait qu'on se mît en garde contre le zèle. La Chambre fit œuvre à peu près pareille à celle du solitaire, dont La Fontaine a célébré les hauts faits dans la fable 10me du livre VIII.

Il n'est, hélas ! que trop vrai : la Chambre de 1856 eut la main à la fois trop vive et trop lourde, elle corrigea si énergiquement les défauts de la loi sur les commandites par actions, que ces sociétés devinrent impossibles. On n'en créa plus de nouvelles, et on liquida la plupart des anciennes.

En effet, au lieu de chercher des remèdes au mal, au lieu d'imaginer des moyens de garantir l'intérêt des actionnaires, contre l'imprudence ou la déloyauté des gérants, la loi nouvelle imposait des conditions impossibles à remplir ; elle créait des situations que personne ne voulait accepter.

La loi rendue le 17 juillet 1856 fut à son apparition caractérisée par un jurisconsulte que nous trouvâmes excessif dans son blâme, il dit que c'était une loi de menaces et de vengeance ; en voici les dispositions :

L'*article* 1er, exige, à peine de nullité, que le

capital, quand il ne dépasse pas 200,000 francs, ne soit point divisé en actions de moins de 100 francs, et de moins de 500 francs; si ce capital est au-dessus de 200,000 francs.

Une société ne peut se constituer avant que la totalité de son capital soit souscrit et même versé jusqu'à concurrence du quart; ces deux conditions doivent être constatées d'une manière authentique.

Par l'*article* 2me, les actions de la société restent nominatives jusqu'à complète libération.

D'après l'*article* 3me, les souscripteurs sont obligés au paiement de l'intégralité des actions par eux souscrites; ils ne peuvent les céder, nonobstant la responsabilité que leur impose l'article 2, qu'après les avoir libérées de deux cinquièmes.

Suivant l'*article* 4me, tous apports en société, de valeurs autres que du numéraire, tous avantages stipulés par le pacte social au profit des fondateurs, doivent être vérifiés et appréciés par les actionnaires réunis en assemblée générale, et délibérant sans le concours des parties intéressées; la société ne peut se constituer qu'après ce préliminaire accompli.

L'*article* 5 prescrit la nomination d'un conseil de surveillance de cinq membres, choisis entre les actionnaires, par l'assemblée générale. Les pouvoirs du premier conseil ne durent qu'une année, les autres nominations ont leur effet pendant cinq ans au plus.

L'*article* 6 frappe de nullité absolue, à l'égard des intéressés, la société constituée contrairement aux prescriptions ci-dessus, sous la réserve des droits des tiers.

Suivant l'*article* 7, les membres du conseil de surveillance qui ont exercé leurs fonctions malgré une ou plusieurs des causes de nullité ci-dessus, les associés ou fondateurs qui n'ont pas fait valider leur apport ou les avantages à eux attribués, conformément à l'article 4, peuvent être déclarés solidairement et par corps responsables des opérations sociales.

Les *articles* 8 *et* 9 énumèrent les droits du conseil de surveillance, qui sont de vérifier la comptabilité et l'actif social, de faire un rapport à l'assemblée générale sur l'inventaire et sur les bénéfices annoncés, de convoquer l'assemblée, et de proposer la dissolution de la société.

L'*article* 10 porte que tout membre d'un conseil de surveillance est responsable avec les gérants solidairement et par corps : 1° lorsque sciemment il a laissé commettre dans les inventaires des inexactitudes graves, préjudiciables à la société et aux tiers ; 2° lorsqu'il a, en connaissance de cause, consenti à la distribution de dividendes non justifiés par des inventaires sincères et réguliers.

D'après l'*article* 11, l'emprisonnement de huit jours à six mois et une amende de 500 à 10,000 francs sont encourus par le gérant qui émet les actions d'une société constituée contrairement aux articles 1 et 2 ci-dessus, c'est-à-dire :

Si les actions sont d'une quotité inférieure au chiffre légal ;

Si le capital n'est pas entièrement souscrit et versé jusqu'à concurrence du quart ;

Si le gérant n'a pas pris soin de constater la souscription et le versement par actes authentiques ;

Si des actions au porteur, qui ne seraient pas entièrement libérées, ont été émises.

Même peine frappe le gérant, s'il commence à administrer avant que le conseil de surveillance soit réellement entré en fonctions.

L'*article* 12 punit de l'amende de 500 à 10,000 francs ceux qui auraient négocié les actions irrégulières, dont il est question ci-dessus, ou même des actions régulières, qui ne seraient versées que de 25 pour 100 au lieu de 40 pour 100.

Cette peine est étendue aux individus qui auront participé à ces négociations, et même à ceux qui auraient attribué publiquement un cours, aux actions irrégulièrement vendues.

L'*article* 13 punit de l'emprisonnement d'un an à cinq ans, et d'une amende de 50 francs à 3,000 francs :

1° Ceux qui, soit par des souscriptions ou par des versements simulés, soit par des annonces mensongères, soit par d'autres faits faux, auront obtenu ou tenté d'obtenir des souscriptions ou des versements ;

2° Ceux qui, de mauvaise foi, auront usurpé le nom de personnes étrangères à la société et les auront présentées comme y étant attachées à un titre quelconque ;

3° Les gérants qui, sans inventaires, ou à l'aide d'inventaires frauduleux, auront réparti entre les actionnaires des bénéfices qui n'étaient pas définitivement acquis.

L'*article* 14 donne aux associés et même à la minorité d'entre eux le droit de se faire représenter par des commissaires, dans les procès qu'ils auraient à soutenir, contre les gérants ou le conseil de surveillance.

L'*article* 15 étend aux sociétés qui existaient avant la loi, l'obligation d'avoir un conseil de surveillance, jouissant des mêmes pouvoirs que ceux exprimés ci-dessus et tenu des mêmes devoirs.

En examinant cette loi, tout le monde est frappé du luxe de pénalités qui l'entoure : prison, amende, nullité responsabilité sont des mots qui reviennent à chaque ligne, c'est comme une basse continue qui accompagne cette lecture lugubre.

Si la moindre erreur se glisse dans l'accomplissement des formalités compliquées, nombreuses, qu'exige la loi, la société est nulle.

Entre les articles 9 et 10 d'une part, et l'article 27 du Code de commerce d'autre part, les membres du conseil de surveillance peuvent être ruinés, et ils n'ont pas moyen de s'en garantir, car ils encourent des responsabilités s'ils agissent trop, et ils en encourent encore s'ils agissent trop peu. L'appréciation de leur conduite est laissée aux tribunaux criminels.

Si le gérant ne constate pas bien régulièrement les souscriptions recueillies et les versements opérés, il peut être frappé de six mois de prison et de 10,000 francs d'amende.

Si après avoir fait nommer un conseil de surveillance il ne le fait pas fonctionner avant de gérer lui-même, il peut être frappé des mêmes peines ; nous trouvons cependant assez difficile qu'un conseil puisse surveiller des actes qu'on n'a pas encore la possibilité d'exécuter.

Enfin cinq ans de prison punissent les simulations de souscriptions, l'usurpation d'un patronage qui ne serait pas réel et la répartition de bénéfices qui ne seraient pas constatés par des inventaires réguliers, etc., etc.

De telles dispositions dépassaient le but à atteindre ; et comme elles menaçaient les gens honnêtes qui pouvaient se tromper, aussi bien que les fripons qui voulaient frauder, on renonça généralement à une espèce de société qui devenait trop périlleuse ; de telle sorte qu'au lieu de réformer les abus de la commandite par actions, la loi nouvelle en supprima absolument l'usage.

Véritablement, cette législation draconienne n'était pas nécessaire. Les sociétés en commandite par actions pouvaient être moralisées sans donner tant à faire à la justice criminelle, et les intérêts privés s'en seraient trouvés mieux.

Il s'agissait de protéger des actionnaires trop faibles, contre des gérants trop absolus et quelquefois déloyaux.

Après avoir pourvu, par des responsabilités pécuniaires, à la sincérité du contrat, à la réalité du capital; après avoir donné des droits très-amples au conseil de surveillance et rejeté la responsabilité pour immixtion, qui n'était pas faite pour ce cas-là, il fallait investir l'assemblée générale, convenablement réglementée, du pouvoir de révoquer le gérant en toute circonstance et du droit de le fortifier par des adjonctions; il fallait le réduire au rôle de mandataire dépendant de ses mandants ; il fallait se fier à l'intérêt privé, qui sait très-bien se défendre, quand on lui en donne les moyens, et ne pas le placer sous la protection du Code pénal, dont le contact lui est si souvent nuisible.

La vérité est qu'il y avait lutte entre deux intérêts respectables ; d'un côté, celui d'un gérant qui s'engage personnellement pour les affaires d'autrui, et qui peut prétendre ne le faire que de la manière qui lui semble la plus sage, la moins périlleuse.

D'un autre côté, l'intérêt des commanditaires, qui ne peuvent voir impassiblement leur avoir compromis, leur fortune sacrifiée, par l'ignorance ou la mauvaise foi d'un gérant, qui n'est, en définitive, que leur représentant.

Aucune conciliation n'était possible. On devait résolûment faire fléchir l'un ou l'autre principe.

L'omnipotence des gérants, débiteurs personnels, avait été longuement expérimentée; elle avait amené des résultats déplorables : la ruine des sociétés et des procès scandaleux. Essayer la position contraire semblait tout naturel; détruire l'omnipotence des gérants, les subalterniser à la commandite, malgré leurs engagements personnels, c'était un moyen qui valait la peine d'être tenté, puisque le péril consistait précisément dans le pouvoir absolu du gérant.

Nous croyons que le succès de cette combinaison était assuré; que les gérants, surveillés de près, révocables *ad nutum*, auraient été (si on les suppose habiles) très-honnêtes et très-fidèles; parce que la puissance donnée trop largement est corruptrice, parce que c'est une liqueur très-enivrante que fort peu de têtes peuvent supporter; il fallait la prohiber.

Mais cette idée de laisser les commanditaires faire eux-mêmes leurs affaires ne pouvait pas venir à nos législateurs; il leur semblait bien plus logique de mettre les gérants sous la verge de fer du Code pénal, car les tendances des gouvernements qui se sont succédé en France, depuis le Comité de salut public de 1793, sont toujours restées les mêmes. Les gouvernants et les fabricants de lois veulent tout faire, veulent penser pour tout le monde, veulent se montrer prudents et sages pour le compte de chacun de nous. Le ministre de l'intérieur se proclame le tuteur de toutes les communes de France ; hier encore, les boutiques de boulangers et de bouchers étaient partout des priviléges, et, quand nous avons un procès, nous sommes contraints de donner notre confiance à un officier ministériel qui a acheté le droit de nous défendre, *volens-nolens*.

Il y a un homme, en France, qui comprend que ces tendances-là ne sont pas autre chose que du socialisme, et du socialisme impuissant ; qu'elles n'apportent que des gênes, sans profit pour l'ordre et la tranquillité ; que le *laisser faire*, pour les choses de la vie sociale, et le *laisser passer*, pour les relations avec le dehors, sont le dernier mot de l'économie politique et du bon gouvernement. Cet homme-là, c'est Napoléon III, dont la haute et sereine intelligence domine l'esprit routinier de la classe fonctionnaire, que le passé lui a légué.

Que Dieu lui prête longue et paisible vie ! car c'est lui qui nous a dotés du suffrage universel, lui qui a forcé le commerce à accepter le libre échange, lui qui a unifié la dette publique, lui qui a remédié aux plus criants abus de la centralisation, lui qui a fait une vraie justice de la juridiction administrative! Puisse-t-il achever son œuvre commencée! Puisse-t-il faire qu'il nous soit permis un jour de nous conduire à notre gré, dans la vie civile, de nous protéger et de nous défendre nous-mêmes, et de n'avoir à respecter que son autorité paternelle, le bien public et le droit de notre prochain.

CHAPITRE IV.

LA SOCIÉTÉ A RESPONSABILITÉ LIMITÉE EN ANGLETERRE.

Les choses restèrent dans le même état pendant plus de cinq ans. Ce qu'on fit de la loi de 1856, nous n'avons pas besoin de le dire, les recueils de jurisprudence sont là pour en témoigner. Nous ne toucherons donc pas à ce sujet dangereux.

La société en commandite par actions tomba rapidement en désuétude; le commerce et l'industrie s'en ressentirent, leurs plaintes furent entendues, des voix puissantes leur vinrent en aide, et un secours inespéré leur arriva du dehors.

Il y a six ou huit ans, une révolution s'accomplissait aussi, en Angleterre, dans la législation des sociétés commerciales.

Chez nos voisins, il n'existait jadis aucune loi (sauf

de rares exceptions) qui permît de s'engager pour une somme fixe et limitée dans une association commerciale.

Par cela seul qu'on était associé dans une entreprise de négoce ou d'industrie, qu'on avait droit à une portion de bénéfices ; on était, en cas d'insolvabilité de la société, tenu du paiement de toutes les dettes.

Pour remédier à cette situation, qui tendait à priver l'industrie, le commerce, des capitaux qui sont leur aliment nécessaire, le gouvernement anglais ne fit pas grands efforts d'imagination : il emprunta tout simplement à notre Code de commerce la *société anonyme,* se contentant de lui retirer son nom insignifiant, pour lui en donner un tout à fait démonstratif ; il l'appela *société à responsabilité limitée,* et il supprima l'autorisation à obtenir du souverain ; car si l'Angleterre est le pays du privilége et des catégories, ce n'est pas quand il s'agit du commerce.

Le décret dans la forme des règlements d'administration publique, qu'exige la loi française, fut remplacé par un simple enregistrement ou *incorporation*, que tout le monde pouvait accomplir. Il ne fut pas plus difficile à un Anglais de remplir les formalités exigées pour la fondation régulière d'une société à responsabilité limitée que de prendre un brevet d'invention.

La loi anglaise multiplia les précautions pour que les tiers connussent bien la nature de ces sociétés nouvelles avec lesquelles ils pouvaient contracter.

Les directeurs administrateurs devaient, à toute occasion, aviser le public que la société dont ils étaient représentants n'engageait que l'argent qui y avait été versé; ils devaient dans toutes leurs publications, sur leurs factures, sur leurs lettres, rappeler que la société était *à responsabilité limitée*. Il fallait même qu'une inscription l'annonçât sur l'édifice où étaient placés leurs bureaux; faute de ce faire, eux et les actionnaires pouvaient perdre le bénéfice de leur contrat, c'est-à-dire être rendus responsables du paiement de toutes les dettes. Mais il n'y avait aucune intervention de la justice criminelle, personne n'était menacé de prison.

Quant aux actionnaires, leurs intérêts se trouvaient suffisamment protégés :

1° Par la faculté qui leur était réservée de nommer et de révoquer les directeurs administrateurs;

2° Par l'obligation imposée à ces directeurs administrateurs de dresser chaque année les comptes sociaux et un *état balance ou bilan* comprenant le sommaire de l'actif et du passif, conformément au modèle annexé à la loi et de remettre ou envoyer, à chaque actionnaire, qui en ferait la demande, copie imprimée de cet état balance ;

3° Par le droit conféré à l'assemblée générale des actionnaires de nommer des censeurs ou vérificateurs pour examiner les comptes de l'année, pour certifier l'exactitude de l'état balance ou pour en présenter le redressement.

4° Par la faculté réservée à chaque actionnaire d'inspecter lui-même les livres de la société, pendant les heures des bureaux, sauf les mesures de police et les restrictions raisonnables imposées par l'assemblée générale.

En Angleterre, ces précautions avaient paru suffisantes, on n'avait pas éprouvé le besoin de convertir en délit les infractions à une loi commerciale. A défaut d'un ministère public qui n'existait pas, l'intérêt privé s'est montré vigilant et les sociétés à responsabilité limitée ont fonctionné régulièrement et avec succès.

Et qu'on ne croie pas que ces différences que nous signalons soient le fruit de l'inexpérience des Anglais sur des matières peu connues, peu pratiquées chez eux, car la loi actuelle sur les sociétés anglaises par actions n'est rien moins qu'une improvisation ; c'est le troisième ou le quatrième remaniement de la législation primitive sur les sociétés à responsabilité limitée, qui remonte à moins de huit ans. Avec ses annexes et ses appendices, le texte ferait aujourd'hui la matière d'un volume in-8°. On ne doit pas s'en étonner, car dès qu'il s'agit de législation pratique et surtout de celle qui touche à la prospérité commerciale, les Anglais procèdent tout autrement que chez nous.

En France, une loi est faite et elle est promulguée, *valeat quod valeat*, on ne s'en occupe plus dans le domaine législatif. C'est maintenant à la jurisprudence à faire son œuvre. Qu'elle tourne et retourne, qu'elle lèche et relèche ce nouveau-né, parfois informe et malvenu; cela la regarde et rarement le législateur retouche son œuvre.

Et ne vous fiez pas même à ses explications, aux commentaires dont il aura entouré son projet de loi, aux théories des exposés de motifs ou des rapports, car la justice sait au besoin leur rompre en visière et les démentir. Elle prétend savoir mieux la loi que ceux qui l'ont faite. Ainsi après qu'une règle nous a été donnée, nous n'avons pour la compléter et l'élucider qu'une jurisprudence souvent variable et incertaine.

En Angleterre la marche est fort différente. Boileau a dit :

Vingt fois sur le métier remettez votre ouvrage,
Polissez-le sans cesse et le repolissez.

Les Anglais pratiquent ces préceptes-là, mais ils

n'adopteraient pas celui que contient le vers suivant :

Ajoutez quelquefois et souvent effacez.

Car ils ajoutent beaucoup à leur idée première, ils expliquent, ils développent et ils n'effacent guère. La loi qui aujourd'hui forme un volume se bornait primitivement à quelques articles remplissant à peine trois ou quatre pages; c'est par des additions successives qu'elle est parvenue à l'état actuel.

Il serait inutile de raconter en détail les changements successifs que la loi anglaise a subis jusqu'au jour où nous avons voulu lui faire des emprunts; dès 1858 elle contenait plus de deux cents articles. Nous donnerons seulement un abrégé dans lequel nous tâcherons d'introduire *un peu d'ordre*, ce qu'on ne trouve jamais dans la loi anglaise.

La première loi ou *acte* concernant la responsabilité limitée est de juillet 1853 ; elle a été modifiée deux ans après, en 1855, abrogée et entièrement refondue, le 14 juillet 1856.

Elle a été retouchée et corrigée le 13 juillet 1857, le 27 août même année, le 23 juillet 1858 et le 2 août suivant.

Ces cinq dernières lois ont été traduites par les soins du ministère du commerce, lors de la présentation de notre loi aux Chambres, et l'imprimé a été distribué à tous les députés. Nous allons donner le sommaire de cette législation, qui, bien que bonne et très-pratique, n'en mérite pas moins le reproche d'être diffuse et fort peu méthodique. Nous suivrons l'ordre de notre loi du 5 mai 1863 autant que faire se pourra, ce sera le moyen de faciliter les comparaisons.

Ces lois concernent à la fois les sociétés à responsabilité illimitée et les sociétés à responsabilité limitée, nous ne nous occupons que de ces dernières.

Nous prévenons tout de suite nos lecteurs que depuis la publication faite pour MM. les députés, ces lois ont encore été retouchées : nous ne croyons pas que la Chambre ait connu ce dernier remaniement, il n'en a pas été question dans les débats. Nous le ferons connaître dans l'appendice.

Voici la loi telle qu'elle existait en mai 1862 :

§ Ier. — *Constitution et Enregistrement.*

1. En Angleterre, des sociétés peuvent se former dans lesquelles aucun des associés n'est responsable au-delà de sa mise sociale (*loi du* 14 *juillet* 1856, *art.* 61).

2. Elles doivent avoir une dénomination qui se termine par le mot *limité*, en anglais *limited* (*id.*, *art.* 5).

3. Le nombre des associés doit être de sept au moins (*id.*, *art.* 3).

4. Les ociétés, pour avoir existence légale, doivent déposer leur contrat d'association et leurs statuts à l'*enregistreur*. C'est un fonctionnaire public nommé par le ministère du commerce (Board of Trade).

Ce contrat doit, autant que possible, être conforme au modèle annexé à la loi (*table*). Il doit indiquer la dénomination, le siége, l'objet, le capital de la société, le nombre et le chiffre des actions (*id. art.* 5, 71).

5. Le contrat reste déposé, il est enregistré et l'enregistreur délivre aux fondateurs un certificat constatant que les formalités voulues ont été accomplies. Dès ce moment les actionnaires forment une corporation, une nouvelle personne civile (*id.*, *art.* 12 *et* 13).

6. Il n'y a pas de limitation pour le capital, si faible ou si élevé qu'il soit; mais la *société limitée* est interdite aux entreprises d'assurances et aux banques qui émettent des billets au porteur (*id.*, *art.* 2, *loi* du 2 *août* 1858).

7. La société peut être enregistrée et peut fonctionner avant que toutes ses actions soient placées (*loi du* 14 *juillet* 1856, *art.* 17).

8. Les actions doivent être inscrites sur un registre spécial, avec les noms, qualités, demeures des actionnaires, les paiements faits à compte, la date

des transferts ; chaque action porte un numéro (*id.*, *art.* 16).

Ce registre est public : chaque jour, toute personne peut l'examiner et en demander des extraits (*id.*, *art.* 23).

Tous les ans, copie du registre est remise à l'enregistreur dans les vingt et un jours de l'assemblée générale (*id.*, *art.* 17).

9. Les actions peuvent être déclarées négociables quand elles sont entièrement libérées. Cette déclaration est faite par l'assemblée générale et l'enregistreur en est avisé (*loi du* 13 *juillet* 1857, *art.* 5).

Il est à remarquer que nulle part dans la loi il n'est fait mention d'actions au porteur, ce qui équivaut à une défense d'en créer.

10. S'il y a lieu, pour insolvabilité de la société, d'exercer un recours contre le cessionnaire d'une action vendue depuis moins d'un an, le cédant est responsable de ce qui reste dû sur l'action (*loi* du 14 *juillet* 1856, *art.* 63).

11. La société est administrée par des directeurs ou administrateurs nommés en assemblée générale, conformément aux statuts ; ils ont les mêmes pouvoirs que ceux qu'un commerçant exerce sur ses propres affaires (*id.*, *art.* 41 *à* 47).

12. Les enregistreurs sont tenus de donner communication et de délivrer copie, à qui les en requiert

et paie les frais, de toutes les pièces dont ils sont dépositaires (*id.*, *art.* 106, *n*° 5).

§ II.—*Administration et Fonctionnement.*

13. La société doit avoir un bureau ou office; elle doit y inscrire, extérieurement et en caractères lisibles, sa dénomination.

Même inscription doit exister sur son sceau ou cachet.

Elle doit inscrire la même mention sur toutes pièces ou titres, écrits ou imprimés, qui émanent d'elle (*id.*, *art.* 28, 30, 31).

14. Le domicile ou bureau doit être notifié à l'enregistreur (*id.*, *art.* 18).

15. Est considéré comme démissionnaire le directeur, qui est partie prenante ou intéressée, dans les bénéfices d'un contrat passé avec la compagnie.

16. L'assemblée générale des actionnaires doit être réunie au moins une fois par an (*id.*, *art.* 32).

17. Il peut y avoir des assemblées extraordinaires pour modifier les statuts, pour augmenter le capital social et pour tous les cas spéciaux intéressant la société (*id.*, *art.* 33, 37).

18. Les convocations sont faites dans la forme indiquée par les statuts, les avis sont signés d'un directeur ou d'un autre agent de la compagnie (*id.*, *art.* 34, 54, 55).

Pour les assemblées extraordinaires les avis doivent être motivés (*id., art.* 34).

19. Dans les assemblées pour modifier les statuts ou pour augmenter le capital social, la proposition, pour être admise, doit être votée une première fois par la majorité des trois quarts en nombre et en sommes de tous les actionnaires inscrits au registre, et une seconde fois, dans le délai de un à trois mois, par la moitié plus un des mêmes actionnaires (*id., art.* 34).

20. Dans la quinzaine de leur date, ces décisions doivent être notifiées à l'enregistreur (*id., art.* 35 *et* 37).

21. L'assemblée peut nommer des censeurs vérificateurs pour examiner les comptes et en faire connaître le résultat, soit à l'assemblée, soit aux personnes qu'elle désigne (*id., art.* 51).

22. Tous les représentants et agents de la compagnie sont tenus de communiquer aux censeurs les registres et documents qu'ils détiennent et de leur donner, sous serment, tous les renseignements qu'ils demandent (*id., art.* 49).

23. Un cinquième en nombre et en propriété des actionnaires de la société peuvent demander au ministère du commerce (*Board of Trade*), la nomination de censeurs vérificateurs, pour qu'ils vérifient la situation de la compagnie, et en rendent

compte à ce ministère, afin de le mettre à même d'aviser.

24. Il y a lieu, par l'autorité judiciaire, d'ordonner la liquidation d'une société limitée, dans les cas suivants :

1° Si la compagnie a pris elle-même une délibération en ce sens ;

2° Si, un an après l'enregistrement, elle n'avait pas commencé ses opérations, ou si elle les avait interrompues pendant un temps égal ;

3° Si le nombre des associés était réduit à six ou au-dessous ;

4° Si l'insolvabilité de la compagnie était constatée ;

5° S'il y avait perte des trois quarts du capital social (*id., art.* 67).

§ III. — *Prohibitions, responsabilités, amendes.*

25. Les directeurs qui, malgré l'insolvabilité de la compagnie, ou en la rendant insolvable, paient un dividende aux actionnaires, sont tenus, personnellement de restituer, à la caisse sociale, somme égale au dividende payé.

Le directeur absent lors de ce paiement illégal, et celui qui s'y est opposé, sont affranchis de cette obligation (*id* , *art.* 14).

26. Si pendant six mois la compagnie, dont les

actionnaires sont réduits à six ou au-dessous, a continué ses opérations, tout créancier peut demander son paiement intégral à chacun de ces associés, sans appeler les autres (*id*, *art.* 39).

27. La compagnie qui ne tient pas régulièrement son registre des actionnaires, qui n'en remet pas en temps utile l'extrait à l'enregistreur, est punie, pour l'une ou l'autre contravention, d'une amende de 125 francs (5 livres sterling) par jour de retard (*id.*, *art.* 18).

28. Une amende de 50 francs (2 livres sterling) par jour de retard lui est infligée, si elle refuse communication de ce registre à qui la demande, et si elle n'en délivre pas les extraits requis (*id.*, *art.* 23).

29. La compagnie qui commence ses opérations sans avoir un bureau ou office spécial, paie l'amende de 125 francs par jour d'infraction à la règle (*id.*, *art.* 28).

30. L'amende est la même pour le défaut d'enseigne ou indication extérieure sur l'office (*id.*, *art.* 31).

31. L'emploi d'un sceau ou cachet qui n'indique pas la dénomination de la compagnie, l'émission de titres ou documents, entachés de la même faute, rendent l'agent qui en est coupable passible d'une amende de 1,250 francs (50 livres sterling) et responsable du paiement de ce qui serait dû au porteur de la pièce incriminée (*id.*, *art.* 31).

32. Il y a amende de 50 francs (2 livres sterling),

si dans la quinzaine de l'assemblée annuelle, la compagnie n'adresse pas à l'enregistreur, la décision qui modifie les statuts ; cette amende est due pour chaque jour de retard. L'amende est de 125 francs au lieu de 50, s'il s'agit d'une décision qui augmente le capital social (*id.*, *art.* 35, 37).

33. Les représentants de la compagnie qui refusent aux censeurs dont il est question n°s 21 et 23 ci-dessus, les communications et renseignements demandés, sont punis d'une amende de 125 francs (5 livres sterling) pour chaque contravention (*id.*, *art.* 49).

34. Les infractions à la loi sont dénoncées aux juges de paix ou au shériff, et poursuivies devant eux par les parties intéressées. L'amende peut être appliquée à payer les frais et indemniser le poursuivant. La loi énonce même que l'amende est *recouvrable par toute personne et applicable à son usage personnel,* ce qui donne à ces amendes le caractère de dommages-intérêts (*id.*, *art.* 57 *et loi du* 13 *juillet* 1857, *art.* 28).

CHAPITRE V.

LA SOCIÉTÉ A RESPONSABILITÉ LIMITÉE EN FRANCE.

C'est le 6 juillet 1861, lors de l'installation des nouveaux juges du Tribunal de commerce, que

M. Denière, président, signala avec force les désastreuses conséquences de la loi de juillet 1856, et indiqua comment on pouvait y remédier. Ce magistrat consulaire, dont la haute intelligence et l'esprit éminemment pratique sont si généralement reconnus et appréciés, disait à ses collègues et à tout le commerce parisien les périls auxquels étaient exposées l'industrie et les affaires en général, privées qu'elles étaient du concours apporté jadis par l'association des capitaux. Il montrait les dangers de l'ancienne loi, les corrections malheureuses de juillet 1856, et il en signalait le vice en ces termes : « Dans notre pensée, l'imperfection du système, » qu'une si courte expérience a déjà condamné, ne » réside point dans les attributions conférées aux » conseils de surveillance, ni dans la responsabilité » qui leur incombe ; mais elle prend sa source dans » le principe même des sociétés en commandite par » actions, composées de deux éléments distincts, de » deux catégories d'associés, le gérant et les com» manditaires n'ayant ni les mêmes droits ni la » même responsabilité. »

Pour éviter ce combat de principes inconciliables, il proposait d'adopter la *société à responsabilité limitée*, c'est-à-dire l'*anonymat libre*, avec un large système de publicité, comme le pratiquaient les Anglais.

L'attention publique fut vivement éveillée par ces

aperçus neufs et féconds présentés avec l'autorité de l'expérience et de la raison, dans un langage élégant et sobre.

Ils furent accueillis par M. Blanche, avocat général à la Cour de cassation, qui, dans la mercuriale qu'il prononça le 4 novembre suivant, à la rentrée des tribunaux, prit pour thème l'examen critique de diverses parties de la loi commerciale qui lui semblait en désaccord avec la situation que faisait, à notre commerce et à notre industrie, le nouveau principe économique, le libre échange accepté par la France, grâce à la persévérante volonté de l'Empereur. Dans son discours habile et substantiel, il montra l'imperfection du Code de commerce, fait dans des circonstances toutes différentes de celles actuelles; l'insuffisance des lois qui réglementaient les sociétés depuis 1807 et le périlleux remède apporté par la loi de juillet 1856. « Cette loi » avait pour objet, disait-il, de diminuer les dan- » gers résultant de la forme de ces sociétés. C'est » dans ce but qu'elle a placé auprès du gérant un » conseil de surveillance chargé de vérifier les li- » vres, la caisse, le portefeuille. Mais l'a-t-elle at- » teint? De grands scandales ont protesté contre » son efficacité. En organisant un contrôle rétros- » pectif et qui n'a jamais été refusé aux comman- » ditaires, elle n'a pas fait assez pour ceux-ci, qui » restent dépourvus du droit de modérer l'action du

» gérant et de donner à son administration la di-
» rection commandée par l'intérêt commun.»

Il signalait comme le nœud de la difficulté l'antagonisme des deux classes d'associés, et de même que M. Denière, il offrait pour remplacer le contrat condamné la forme de l'anonymat libre, empruntée par l'Angleterre à nos Codes, et qu'elle nous rendait améliorée.

Ce second appel à la vigilance de l'autorité législative fut entendu et produisit ses fruits. Le gouvernement institua une commission pour étudier la question nettement posée. MM. Denière et Blanche y prirent les premières places et y firent adopter leur système. Bientôt, le conseil d'État fut saisi; un projet rédigé par M. le conseiller Duvergier fut soumis aux délibérations du conseil, qui le discuta et l'adopta en détail, puis dans son ensemble, dans ses séances des 30 avril, 8 et 14 mai 1862.

L'exposé des motifs très-développé, dû à la plume de M. Duvergier, était déposé au Corps législatif avec le projet de loi, dans la séance du 16 mai. La Chambre des députés nomma une commission qui se composa de M. *Leclerc d'Osmonville*, président; *Josseau*, secrétaire; *Roy-Bry*, *Arman*, *E. Ollivier*, *Werlé*, *Aymé*, *de Belleyme* et *Du Miral*. Ce dernier fut chargé de faire le rapport.

Le projet primitif, que nous donnons dans l'appendice à la suite de l'exposé des motifs, n'avait que vingt-neuf articles; il devint à la session de 1863 l'objet de longs débats et de nombreuses rectifications, qui furent présentées au conseil d'Etat; beaucoup de parties furent modifiées d'accord, moins cependant que la commission n'en demandait. D'après les révélations de la discussion; cela dura quarante jours. S'il faut rendre complète justice, nous dirons que le projet redigé par le conseil d'Etat était incomplet, confus, mal en ordre, et qu'il est sorti des mains de la commission très heureusement amendé, corrigé et disposé méthodiquement. La comparaison des deux projets suffit pour s'en convaincre; le rapport fut fait à la Chambre le 28 avril 1863 et la loi fut votée le 5 mai suivant après deux jours de débats animés qui s'engagèrent sur les articles 3, 20 et 27.

La nouvelle loi a trente-deux articles : avant de les transcrire et d'en présenter le commentaire détaillé, nous jetterons un coup d'œil sur l'ensemble pour en mieux saisir l'esprit et la portée et pour préjuger quel rôle elle pourra jouer, à l'avenir, dans nos opérations d'industrie, de commerce et de finances.

La société à responsabilité limitée française, c'est notre ancienne société anonyme affranchie de l'autorisation de l'Etat, de sa surveillance et de sa menace perpétuelle de dissolution, qui toute illégale qu'elle puisse être, n'en existe pas moins.

Tous les articles du Code de commerce qui régissent l'une sont rappelés à propos de l'autre et lui sont applicables.

Elle est désignée par son objet et n'a pas de raison sociale.

Les administrateurs ne sont pas engagés personnellement, ils ne répondent que de la fidèle exécution de leur mandat.

Les autres associés, les actionnaires, ne peuvent en cas de sinistre, perdre que la somme qu'ils se sont engagés à verser.

Le capital est représenté par des actions cessibles, comme celles des sociétés anonymes.

Les actes constatant la fondation doivent tous être passés devant notaire.

On voit que le système d'association est exactement le même qu'avec l'anonymat privilégié.

La société à responsabilité limitée n'a pas d'autorisation à demander au gouvernement ; pour remplacer la surveillance de l'Etat, avant et après la fondation, les garanties les plus minutieuses, les précautions les plus soupçonneuses sont accumulées.

Le nombre minimun des associés est fixé à sept.

Le capital doit être intégralement souscrit et le versement d'un quart réellement effectué ; la moindre omission, à ce double point de vue, annulerait la société; la moindre simulation entraînerait les peines les plus sévères. La loi reproduit les mesures déjà formulées dans celle du 17 juillet 1856, que nous avons analysée ci-dessus.

Les actionnaires ne peuvent, à l'aide d'aucun moyen, d'aucun subterfuge, se dégager de la dette contractée vis-à-vis la société par leurs souscriptions.

Les précautions prises par la loi du 17 juillet 1856 pour éviter les évaluations exagérées des apports en biens meubles ou immeubles, et les stipulations d'avantages qui profitant aux fondateurs grèveraient l'avenir social, sont toutes rappelées.

L'administration est confiée soit à un seul, soit à plusieurs mandataires ou administrateurs; ils doivent être propriétaires, ensemble, et par égales portions, s'ils sont plusieurs, d'un vingtième au moins du capital social. Leurs actions servent de cautionnement, elles sont déposées dans la caisse, inaliénables tant que durent leurs fonctions et affectées, par privilége, au paiement des réparations pécuniaires que la société pourrait avoir un jour à demander. L'administration est constituée par une assemblée générale, à laquelle sont appelés tous les actionnaires, avec droit de voter, même ceux qui n'ont qu'une seule action.

Il faut pour que les délibérations soient valables:

1° Que les questions relatives aux apports en biens meubles ou immeubles, et aux avantages particuliers, aient été vidées et réglées ;

2° Que la réalité de la souscription de toutes les

actions et le versement du quart aient été constatés par des actes authentiques soumis à l'assemblée ;

3° Que la moitié au moins du capital social soit représentée par les actionnaires délibérants.

Les administrateurs choisis à la majorité des voix sont nommés à temps et pour six années au plus ; ils sont toujours rééligibles et révocables à la volonté de l'assemblée générale, que rien n'oblige à motiver la révocation qu'elle prononce.

Les actes de l'administration sont surveillés et contrôlés par un ou plusieurs commissaires associés ou non associés, nommés par l'assemblée et, à son défaut, par le président du Tribunal de commerce.

Les administrateurs sont tenus en entrant en fonctions de déposer au Tribunal de commerce, qui les tient à la disposition de tout réclamant, les pièces relatives à la formation de la société, à la composition de son personnel d'associés, à la réalisation de son capital, ils doivent en outre afficher ces mêmes documents dans les bureaux de la société.

La surveillance des commissaires investis des pouvoirs les plus étendus n'a pas semblé suffisante ; à la fin de chaque trimestre, les administrateurs doivent faire une balance des comptes actifs et passifs et la soumettre aux commissaires surveillants.

Tous les ans, avant l'assemblée générale annuelle qui est obligatoire et fixée d'avance, ils doivent faire un inventaire détaillé et le résumer en outre en un bilan, qu'ils déposent au Tribunal de commerce et dont ils adressent copie, avec celle du rapport des commissaires, à chacun des actionnaires, avant la réunion de l'assemblée.

Enfin, tout actionnaire a droit de se faire communiquer au siége social l'inventaire détaillé et la liste des actionnaires.

Dans l'assemblée générale, l'inventaire est présenté et expliqué, les commissaires sont entendus et les bénéfices sont constatés. Il doit être fait sur les bénéfices un prélèvement d'un vingtième pour composer un fonds de réserve.

Nous passons sous silence plusieurs autres mesures de détail qui ajoutent encore à la sécurité et à la garantie des actionnaires, et nous disons que jamais mandataire, jamais *negotiorum gestor*, jamais représentant n'a été mieux contrôlé, mieux surveillé, plus étroitement garrotté que ne le sera l'administrateur d'une société à responsabilité limitée !

La défiance du législateur a été poussée à un tel point, que si les aspérités et les rudesses d'une telle loi n'étaient adoucies par la pratique, il serait impossible de trouver des hommes habiles et honorables qui voulussent accepter les menottes et le collier de force qui leur sont ainsi préparés.

Nous ne parlons pas des derniers article de la loi ;

ils contiennent la série accoutumée d'amendes, d'emprisonnements et autres accessoires, dont nos faiseurs de lois accompagnent maintenant leurs œuvres; cela nous remet en mémoire les villes du moyen-âge qui avaient un pilori à chaque carrefour et tout à l'entour des gibets garnis de pendus. Nous le disons tout haut, c'est à la honte de notre civilisation que les lois qui règlent nos intérêt civils se font ainsi justicières. Depuis les temps modernes, la législation privée ne se montrait pas si familière avec les geôliers et les receveurs d'amendes. Il serait bon de reprendre nos habitudes d'ordre, de mettre chaque chose à sa place, l'instrument du supplice dans la maison de l'exécuteur et les menaces de peines correctionnelles dans le Code pénal.

Nous donnerons dans le chapitre suivant les trente-deux articles de la loi nouvelle et des explications sur chacun d'eux.

CHAPITRE VI.

TEXTE DE LA LOI ET OBSERVATIONS.

La discussion générale sur la loi a été très-courte et peu remarquée, on y a entendu M. Javal, M. de Kerveguen; celui-ci, après avoir témoigné qu'il avait peu de sympathie pour les choses et les idées importées d'Angleterre, a proposé à notre imitation le moyen que la Belgique a cru devoir employer pour moraliser la société en commandite par actions. « Les Belges, a-t-il dit, ont créé une association de » patronage et d'encouragement. Veut-on fonder » une société commerciale ? on s'adresse à cette as- » sociation et si l'affaire qui lui est soumise lui paraît » bonne, deux ou trois de ses membres s'intéressent » dans la société à créer ; cette garantie obtenue, on » fait appel au public et le capital nécessaire se » trouve immédiatement. Des centaines de sociétés » se sont fondées ainsi ; pourquoi n'aurions-nous » pas en France des institutions de même nature ? »

En parlant ainsi l'orateur oubliait qu'il existe chez nous une grande société, qui a précisément le même but que l'association belge, c'est la *société anonyme du Crédit mobilier*, qui à sa naissance s'annonçait comme devant patronner les belles affaires, et qui effectivement nous en a fait voir de belles ! Belles surtout au début et par l'accroissement prodigieux du prix auquel se sont élevées leurs actions au moment où on les émettait. Mais le Crédit mobilier paraît avoir changé de voie, ou bien il a épuisé son influence, car il ne fait aujourd'hui d'opérations que pour son propre compte, et d'un autre côté le public n'est pas disposé à se fier aveuglément à ses recommandations.

Un autre député, M. de Saint-Paul, a dit que, sans repousser la loi nouvelle, la société anonyme telle qu'elle existait lui paraissait suffire aux besoins du commerce. Qu'il faudrait seulement prendre quelques mesures pour abréger les délais de l'instruction, qui se fait avant l'autorisation de l'Etat. Selon lui, ces délais ne dépassent pas six mois pour les affaires ordinaires, et trois ans pour les sociétés de mines.

La discussion a été close par un discours substantiel de M. Emile Ollivier; il a énuméré les mérites réels de la loi :

« Elle crée l'anonymat libre, à côté de l'ano-
» nymat privilégié.

» C'est à tort qu'on lui reproche de violer le prin-
» cipe de la responsabilité personnelle en matière
» de commerce ; car il est toujours licite d'indiquer
» la limite extrême des engagements qu'on entend
» contracter, quand on fait bien connaître la nature
» de son engagement, et c'est ce qui a lieu dans le cas
» de la loi nouvelle.

» Elle présente les sécurités, les garanties les plus
» complètes, puisque les intéressés nomment et ré-
» voquent leurs mandataires, puisque les opérations
» sociales se font au grand jour, sous l'œil de tous
» et sans crainte aucune de ces déceptions qui me-
» nacent ceux qui se fient à une individualité si ho-
» norable qu'elle paraisse, car elle ne vous doit pas
» et ne vous dit pas le secret de ses affaires person-
» nelles, ni sa vraie situation. »

Enfin M. E. Ollivier a montré la loi sur les sociétés à responsabilité limitée formant son domaine à côté de celui de la commandite par actions.

« Toutes les fois, disait-il, que les capitaux se » réuniront et que la considération de la personne » de l'administrateur sera secondaire, vous aurez la » société nouvelle, qui joue cartes sur table, avec » un contrôle de tous les instants.

» Lorsqu'au contraire on recherchera surtout l'in- » tervention d'une personne déterminée, d'un in- » venteur homme de génie, d'une capacité spéciale, » le capital ne sera plus que l'accessoire, et on aura » recours à la société en commandite par actions, » avec un gérant à pouvoir absolu, avec la sur- » veillance consciencieuse d'hommes honorables.

» Car pour arriver au but diverses routes peuvent » être bonnes, et il ne faut pas que les spéculations » malhonnêtes qui ont employé certaines formes » les fassent repousser par les entreprises honnêtes » qui veulent en user loyalement. »

§ 1er. — *Constitution et publicité de la société.*

« Art. 1er. Il peut être formé, sans l'autorisation exigée par l'article 37 du Code de commerce, des sociétés commerciales dans lesquelles aucun des associés n'est tenu au delà de sa mise.

» Ces sociétés prennent le titre de *sociétés à responsabilité limitée.*

» Elles sont soumises aux dispositions des articles 29, 30, 32, 33, 34, 36 et 40 du Code de commerce.

» Elles sont administrées par un ou plusieurs mandataires à temps, révocables, salariés ou gratuits, pris parmi les associés. »

Pour compléter cet article, nous devons y ajouter ceux dont il cite les numéros et qui contiennent la réglementation entière de la société anonyme, sauf l'autorisation par l'Etat.

« Art. 29. La société n'existe point sous un nom
» social : elle n'est désignée par le nom d'aucun des
» associés. »

« Art. 30. Elle est qualifiée par la désignation de
» l'objet de son entreprise. »

« Art. 32. Les administrateurs ne sont responsa-
» bles que de l'exécution du mandat qu'ils ont reçu.
» Ils ne contractent, à raison de leur gestion, au-
» cune obligation personnelle ni solidaire relative-
» ment aux engagements de la société. »

« Art. 33. Les associés ne sont passibles que de
» la perte du montant de leur intérêt dans la so-
» ciété. »

« Art. 34. Le capital de la société anonyme se

» divise en actions et même en coupons d'actions » d'une valeur égale. »

« Art. 36. La propriété des actions peut être éta- » blie par une inscription sur les registres de la » société.

» Dans ce cas, la cession s'opère par une décla- » ration de transfert inscrite sur les registres, et » signée de celui qui fait le transport ou d'un fondé » de pouvoirs. »

» Art. 40. Les sociétés anonymes ne peuvent » être formées que par des actes publics. »

La commission de la Chambre des députés avait fait la proposition d'étendre la forme nouvelle aux sociétés civiles, elle a été repoussée, il est donc établi que l'objet de la société à responsabilité limitée doit être commercial en tout ou en partie.

Cet article premier contient à lui seul tout le système de la loi, et comme le disait le commissaire du gouvernement en présentant le projet :

« C'est la liberté pour la constitution de la société, » la liberté pour son administration avec la limita- » tion de la responsabilité individuelle à la mise de » chaque associé et de la responsabilité collective » au fonds social. »

« Art. 2. Le nombre des associés ne peut être inférieur à sept. »

Ce nombre de sept associés est un minimum emprunté à la législation anglaise.

Dans le projet primitif, tel que le conseil d'Etat l'avait adopté, *les associés devaient être dix au moins*. Le changement opéré nous semble sage. La société à responsabilité limitée doit pouvoir se prêter à toutes les combinaisons, les limitations lui sont nuisibles.

Cette prescription a sa sanction dans l'article 21 ci-après, qui veut que si, pendant six mois, le nombre des associés est moindre que sept, tout intéressé puisse faire prononcer la dissolution, soit par l'assemblée, soit par les tribunaux; le mot intéressé embrasse les créanciers, aussi bien que les actionnaires.

« Art. 3. Le capital social ne peut excéder 20 millions de francs.

» Il ne peut être divisé en actions ou coupons d'actions de moins de 100 francs, lorsqu'il n'excède pas 200,000 francs, et de moins de 500 francs, lorsqu'il est supérieur.

» Les actions sont nominatives jusqu'à leur entière libération.

» Les actions ou coupons d'actions ne sont négociables qu'après le versement des deux cinquièmes.

» Les souscripteurs sont, nonobstant toute stipulation contraire, responsables du montant total des actions par eux souscrites. »

Le capital MAXIMUM était porté dans le premier projet à *dix millions ;* fixé à *vingt millions*, il donne une latitude suffisante. Quoique, en principe, nous soyons ennemis de toute entrave apportée au droit d'associer les personnes ou les capitaux dans un but commercial, nous reconnaissons qu'au-dessus d'un chiffre de cette importance, il est bon que l'autorité publique intervienne et exerce sa surveillance, ne fût-ce que par mesure de haute police.

D'un autre côté, le projet fixait au capital social un MINIMUM *de deux cent mille francs*, il a été supprimé. Ainsi le fonds social peut être réduit à une faible somme ; les frais multipliés que nécessite la fondation d'une telle société mettront obstacle à ce que son capital descende trop bas.

Les quatre derniers alinéas de l'article reproduisent les articles 2 et 3 et une partie de l'article 1er de la loi du 17 juillet 1856, sur les sociétés en commandite par actions. Ces dispositions ont été approuvées par la presque unanimité des tribunaux et des chambres de commerce, quand on les a consultées.

On peut stipuler dans les statuts des Sociétés à responsabilité limitée que les actions resteront *nominatives*, qu'il n'y aura pas d'*actions au porteur*. La raison de douter pouvait résulter de l'article 8 de la loi des finances du 23 juin 1857, ainsi conçu :

« Dans les sociétés qui admettent le titre au por-
» teur, tout propriétaire d'actions a toujours la fa-
» culté de convertir ses titres au porteur en titres
» nominatifs et réciproquement. »

Les statuts peuvent ne pas admettre les titres au porteur, l'article lui-même le reconnaît.

« Art. 4. Les sociétés à responsabilité limitée ne peuvent être définitivement constituées qu'après la souscription de la totalité du capital social et le versement du quart au moins du capital qui consiste en numéraire.

» Cette souscription et ces versements sont constatés par une déclaration des fondateurs faite par acte notarié.

» A cette déclaration sont annexés la liste des souscripteurs, l'état des versements effectués et l'acte de société.

» Cette déclaration, avec les pièces à l'appui, est soumise à la première assemblée générale, qui en vérifie la sincérité. »

Les trois premiers alinéas de l'article 4 sont la reproduction de la partie de l'art. 1er de la loi du 17 juillet 1856 non reproduite par la précédente.

Le dernier alinéa crée une précaution de plus dans l'intérêt des actionnaires; ils vérifieront en assemblée générale la régularité de la constitution de la société, avant de procéder à aucune opération sociale.

L'emploi du mot *fondateurs* est une autre innovation; le sens de ce mot est suffisamment déterminé par l'usage; les fondateurs sont ceux des souscripteurs d'actions qui ont eu l'initiative de l'affaire, qui en ont été les promoteurs, et qui y sont restés intéressés.

La qualité d'associé est nécessaire pour être considéré comme fondateur: celui auquel elle manquerait aurait-il eu le premier l'idée de l'opération, n'en serait réellement que l'agent, que l'homme d'affaire. Cette opinion est celle que M. le conseiller d'Etat Duvergier exprime dans l'exposé des motifs.

« Art. 5. Lorsqu'un associé fait un apport qui ne consiste pas en numéraire ou stipule à son profit des avantages particuliers, la première assemblée générale fait apprécier la valeur de l'apport ou la cause des avantages stipulés.

» La société n'est définitivement constituée qu'après l'approbation, dans une autre assemblée générale, après une nouvelle convocation.

» Les associés qui ont fait l'apport, ou stipulé les avantages soumis à l'appréciation et à l'approbation de l'assemblée générale, n'ont pas voix délibérative.

» Cette approbation ne fait pas d'obstacle à l'exercice ultérieur de l'action qui peut être intentée pour cause de dol ou de fraude. »

Cet article reproduit le 4e de la loi du 17 juillet 1856, avec des précautions encore plus grandes que celles alors édictées. En effet : 1° Tous les actionnaires, même ceux qui ne possèdent qu'une seule action, sont appelés à l'assemblée dont il est question et peuvent y assister avec voix délibérative (art. 12 ci-après) ;

2° La moitié du capital non soumis à vérification doit y être représentée au lieu du quart qu'exigeait la loi de 1856 (art 14 ci-après).

Le dernier alinéa contient, pour le cas de dol et de fraude, une réserve qui ne figure pas dans la loi susdite.

« Art. 6. Une assemblée générale est, dans tous les cas, convoquée à la diligence des fondateurs, postérieurement à l'acte qui constate la souscription du capital social et le versement du quart du capital qui consiste en numéraire. Cette assemblée nomme les premiers administrateurs ; elle nomme également, pour la première année, les commissaires institués par l'article 15.

» Ces administrateurs ne peuvent être nommés pour plus de six ans ; ils sont rééligibles, sauf stipulation contraire.

» Le procès-verbal de la séance constate l'acceptation des administrateurs et des commissaires présents à la réunion.

» La société est constituée à partir de cette acceptation. »

Nous retrouvons encore ici les *fondateurs* dont nous avons parlé ; ce sont eux qui convoquent l'assemblée.

Pour cette réunion, les articles 12 et 14 ci-après sont applicables : le premier prescrit l'admission à l'assemblée, avec voix délibérative, de tous les actionnaires ; le second exige que la moitié du capital social soit représentée, par les membres assistants, faute de quoi la délibération serait nulle.

S'il était stipulé dans les statuts que les administrateurs ne seront pas *rééligibles*, cette clause devrait recevoir son effet.

D'après la loi anglaise (voir article 58 du modèle, à

l'appendice), les directeurs ou administrateurs ne cessent leurs fonctions que par tiers, d'année en année.

Sauf la durée des fonctions, qui semble trop brève, nous croyons qu'il serait bon d'imiter la loi anglaise et de ne changer l'administration que partiellement; on lui conserverait par ce moyen une unité et un esprit de suite que le remplacement intégral peut lui enlever.

Le droit de révocation reste, en tout cas, le même; on ne peut y porter atteinte. C'est une disposition essentielle. L'acceptation des administrateurs consomme la constitution de la société, car ce sont eux qui la personnifient. Néanmoins, la rédaction de l'article pouvant laisser du doute sur la question de savoir si l'acceptation des fonctions des commissaires n'est pas indispenable pour que la société soit régulièrement constituée, et d'un autre côté la nullité de la société pouvant être invoquée, conformément à l'article 24, si les opérations sociales étaient commencées prématurément; on fera sagement d'attendre, avant d'agir, que l'acceptation des commissaires, comme celle des administrateurs, soit constatée.

Il est encore à remarquer que le délai du dépôt des pièces et des publications légales court à partir de la constitution de la société; il sera bon, dans la pratique, de fixer la date de cette constitution d'une manière authentique et qui ne prête pas à la chicane.

« Art. 7. Les administrateurs doivent être propriétaires, par parts égales, d'un vingtième du capital social.

» Les actions formant ce vingtième sont affectées à la garantie de la gestion des administrateurs.

» Elles sont nominatives, inaliénables, frappées d'un timbre indiquant l'inaliénabilité, et déposées dans la caisse sociale. »

D'après le projet primitif, c'était un dixième du capital social que devait posséder l'administration; la réduction au vingtième donne satisfaction à tous les intérêts.

C'est à M. Denière, président du Tribunal de commerce de Paris (1863) qu'appartient l'idée d'exiger des administrateurs qu'ils possèdent une partie importante du capital qu'ils sont chargés d'administrer.

« Art. 8. Dans la quinzaine de la constitution de la société, les administrateurs sont tenus de déposer au greffe du Tribunal de commerce : 1° une expédition de l'acte de société et de l'acte constatant la souscription du capital et du versement du quart; 2° une copie certifiée des délibérations prises pas l'assemblée générale dans les cas prévus par les articles 4, 5 et 6, et de la liste nominative des souscripteurs, contenant les nom, prénoms, qualités, demeures et le nombre d'actions de chacun d'eux.

» Toute personne a le droit de prendre communication des pièces susmentionnées et même de s'en faire délivrer une copie à ses frais.

» Les mêmes documents doivent être affichés, d'une manière apparente, dans les bureaux de la société. »

Ceci est une précaution fort utile et inusitée jusqu'à présent; elle a été imaginée par un membre de la commission. Le dépôt des actes constitutifs de la société jusqu'à nomination des adminstrateurs, complété, par le bilan annuel et les publications légales ultérieures (art. 10 et 18), le droit de se faire délivrer des copies ou extraits, suffisent pour fournir en tous cas aux intéressés, actionnaires, créanciers ou autres, les documents utiles.

Il sera bon que les droits de copie à payer au greffe soient très-modérés, et que le papier timbré ne soit pas employé.

« Art. 9. Dans le même délai de quinzaine, un extrait des actes et délibérations énoncés dans l'article précédent est transcrit, publié et affiché suivant le mode prescrit par l'article 42 du Code de commerce.

» L'extrait doit contenir : les noms, prénoms, qualités et demeures des administrateurs ; la désignation de la société, de son objet et du siége social; la mention qu'elle est à responsabilité limitée, l'énonciation du montant du capital social, tant en numéraire qu'en autres objets ; la quotité à prélever sur les bénéfices pour composer le fonds de réserve ; l'époque où la société commence et celle où elle doit finir, et la date du dépôt au greffe du Tribunal de commerce, prescrit par l'article 8.

» L'extrait est signé par les administrateurs de la société. »

Ici se trouve précisé ce que doit être, pour la société nouvelle, la publication exigée par l'article 42 du Code de commerce.

Il est à remarquer que le Code ne règle rien, relativement à la publication légale des sociétés anonymes ; tout ce qu'il en dit se trouve sous l'article 45, ainsi conçu : « Le décret qui autorise les » sociétés anonymes devra être affiché avec l'acte

» d'association et pendant le même temps. » Ceci semble se référer à des prescriptions déjà faites par d'autres articles, et il n'en existe aucune.

On voit que, contrairement à ce qui se passe pour les statuts des sociétés en commandite par actions, qu'il faut publier dans la quinzaine de leur date, sans savoir si elles réuniront leur capital, c'est-à-dire si elles existeront ; la publication des sociétés à responsabilité limitée ne sera faite qu'après leur constitution.

Il faut encore remarquer que ce dernier alinéa contient une dérogation à l'article 44 du Code de commerce, qui porte que *l'extrait des actes* à publier conformément à l'article 42 *est signé des notaires quand il s'agit d'actes notariés*. Pour la société à responsabilité limitée, les statuts et l'acte qui établit la réalisation du capital sont nécessairement passés devant notaire. Néanmoins, l'extrait à fournir au Tribunal de commerce doit être signé des administrateurs seuls.

« Art. 10. Tous actes et délibérations ayant pour objet la modification des statuts, la continuation de la société au delà du terme fixé pour sa durée, la dissolution avant ce terme et le mode de liquidation, sont soumis aux formalités prescrites par les articles 8 et 9. »

Pour compléter cet article, il faut y ajouter la

première moitié du second alinéa de l'article 20 ci-après, relatif à la délibération de l'assemblée générale, en cas de perte des trois quarts du capital social. Qu'elle admette ou rejette sa proposition de dissolution, la délibération doit être publiée conformément aux articles 8 et 9.

§ II. — *Administration et fonctionnement de la société.*

« Art. 11. Dans tous les actes, factures, annonces, publications et autres documents émanés des sociétés à responsabilité limitée, la dénomination sociale doit toujours être précédée ou suivie immédiatement de ces mots, écrits lisiblement en toutes lettres : *Société à responsabilité limitée*, et de l'énonciation du montant du capital social. »

L'obligation de faire connaître dans tous leurs actes et dans leurs manifestations quelconques le caractère de la société, est imposée à ses représentants conformément à la loi anglaise. La commission de la Chambre des députés a ajouté une chose vraiment utile, l'énonciation du capital, car ceux qui traitent avec un fonds social seul obligé ont besoin d'en connaître le chiffre exactement. Ces prescriptions sont appuyées par une amende de 50 à 1,000 fr., qui doit punir chaque contravention. Cette peine est édictée par l'article 28.

« Art. 12. Il est tenu, chaque année au moins, une assemblée générale à l'époque fixée par les statuts. Les statuts déterminent le nombre d'actions qu'il est nécessaire de posséder, soit à titre de propriétaire, soit à titre de mandataire, pour être admis dans l'assemblée, et le nombre de voix appartenant à chaque actionnaire, eu égard au nombre d'actions dont il est porteur.

» Néanmoins, dans les premières assemblées générales, appelées à statuer dans les cas prévus par les articles 4, 5 et 6, tous les actionnaires sont admis avec voix délibérative. »

La faculté laissée aux fondateurs d'une société à responsabilité limitée, de fixer par les statuts le nombre d'actions nécessaires pour assister aux assemblées et le nombre de voix appartenant aux membres présents ou représentés, eu égard au chiffre de leurs actions, semble contraire à l'esprit très-égalitaire de la loi du 5 mai 1863, car les combinaisons peuvent être telles que les très-gros actionnaires soient seuls admis, ou que, même en admettant plus argement, on les laisse maîtres des délibérations.

La législation anglaise est à cet égard beaucoup

plus libérale, elle pose comme règle que tout actionnaire assiste à l'assemblée avec voix délibérative, et elle fixe le nombre des voix attachées à la possession d'une quantité plus ou moins considérable d'actions appartenant à la même personne. Si on déroge à ces règles, ce qui n'est pas défendu, on est dans l'exception.

Le droit d'assister et de voter n'est accordé en France à tout actionnaire, par le second alinéa de l'article 12, que dans les cas ci-après :

1° Pour constater l'accomplissement des formalités nécessaires à la fondation de la société (art. 4) ;

2° Pour apprécier les apports faits en biens meubles ou immeubles et la cause des avantages particuliers accordés aux fondateurs ou autres (art. 5) ;

3° Pour la nomination des premiers administrateurs (art. 6).

Il semblerait logique que le même droit fût garanti aux petits actionnaires pour toutes les assemblées extraordinaires. On peut le stipuler dans les statuts.

« Art. 13. Dans toutes les assemblées générales, les délibérations sont prises à la majorité des voix.

» Il est tenu une feuille de présence ; elle contient les noms et domiciles des actionnaires et le nombre d'actions dont chacun d'eux est porteur.

» Cette feuille, certifiée par le bureau de l'assemblée, est déposée au siége social et doit être communiquée à tout requérant. »

Dans l'usage la feuille de présence est signée par chaque membre qui assiste à l'assemblée. La loi a omis cette mesure, il sera bon d'y suppléer par les statuts, car c'est la seule preuve qui puisse exister contre l'actionnaire qui nierait son concours à une délibération.

« Art. 14. Les assemblées générales doivent être composées d'un nombre d'actionnaires représentant le quart au moins du capital social.

» Si l'assemblée générale ne réunit pas ce nombre, une nouvelle assemblée est convoquée, et elle délibère valablement, quelle que soit la portion du capital représentée par les actionnaires présents.

» Mais les assemblées qui délibèrent,

» Sur objet indiqué dans l'article 5,

» Sur la nomination des premiers administrateurs, dans le cas prévu par l'artticle 6,

» Sur les modifications aux statuts,

» Sur des propositions de continuation de la société au delà du terme fixé pour sa durée ou de dissolution avant ce terme,

» Ne sont régulièrement constituées et ne délibèrent valablement qu'autant qu'elles sont composées d'un nombre d'actionnaires représentant la moitié au moins du capital social.

» Lorsque l'assemblée délibère sur l'objet indiqué dans l'art. 5, le capital social, dont la moitié doit être représentée, se compose seulement des apports non soumis à vérification. »

Les deux premiers alinéas de l'article sont empruntés à la pratique ; les dispositions y contenues se trouvent, avec plus de développement, dans presque tous les statuts des sociétés par actions.

La nécessité imposée par la loi de réunir, dans les cas indiqués, des actionnaires représentant au moins moitié du capitai social, semble devoir entraîner avec elle l'admission à l'assemblée de tous les actionnaires, quelles que soient les conditions imposées pour les cas ordinaires. C'est ce qui a été fait pour les articles 4, 5, 6 et 20 ; mais on ne le fait pas quand il s'agit de modification aux statuts, de prorogation de la durée fixée pour la société ; c'est évidemment une omission, car s'il y avait un assez grand nombre de petits actionnaires, privés du droit d'assister aux assemblées, pour absorber moitié du capital, les délibérations deviendraient tout à fait impossibles.

Cette difficulté devra être prévue par les statuts en faisant une règle commune, pour toutes les assemblées extraordinaires, de l'obligation d'appeler la totalité des actionnaires.

« Art. 15. L'assemblée générale annuelle désigne un ou plusieurs commissaires, associés ou non, chargés de faire un rapport à l'assemblée générale de l'année suivante sur la situation de la société, sur le bilan et sur les comptes présentés par les administrateurs.

» La délibération contenant approbation du bilan et des comptes est nulle, si elle n'a été précédée du rapport des commissaires.

» A défaut de nomination des commissaires par l'assemblée générale, ou en cas d'empêchement ou de refus d'un ou de plusieurs commissaires nommés, il est procédé à leur nomination ou à leur remplacement par ordonnance du président du tribunal de commerce du siége de la société, à la requête de tout intéressé, les administrateurs dûment appelés. »

D'après les termes du premier alinéa de l'article,

les fonctions des commissaires ne durent qu'une année, même si on ne les a pas remplacés. Leur concours est indispensable pour l'approbation du bilan, des comptes et pour la fixation des dividendes. Les administrateurs qui oseraient s'en dispenser et passer outre, engageraient gravement leur responsabilité.

Suivant l'article 18 ci-après, le rapport des commissaires doit être fait par écrit et remis, plus de quinze jours avant l'assemblée, aux administrateurs pour qu'ils puissent en adresser copie avec celle du bilan à chaque actionnaire connu.

« Art. 16. Les commissaires ont le droit, toutes les fois qu'ils le jugent convenable, dans l'intérêt social, de prendre communication des livres, d'examiner les opérations de la société et de convoquer l'assemblée générale. »

Dans la loi anglaise, les attributions des commissaires sont moins étendues ; ils ne peuvent pas convoquer l'assemblée générale ; ce droit appartient aux actionnaires eux-mêmes, réunis en nombre suffisant pour faire le cinquième du total (art. 32, 33, 34, du modèle des statuts).

« Art. 17. Toute société à responsabilité

limitée doit dresser chaque trimestre un état résumant sa situation active et passive.

» Cet état est mis à la disposition des commissaires.

» Il est en outre établi chaque année un inventaire contenant l'indication des valeurs mobilières et immobilières et de toutes les dettes actives et passives de la société.

» Cet inventaire est présenté à l'assemblée générale. »

L'état trimestriel exigé des administrateurs est un luxe de précautions imaginé par la commission qui, dans cette circonstance, a, selon nous, dépassé les limites de la prudence. Ce délai est évidemment trop court, et les représentants des sociétés à responsabilité limitée emploieront une partie notable de leur temps à prouver qu'ils ont agi loyalement pendant l'autre partie. Tout au plus pouvait-on demander des états semestriels.

« Art. 18. Quinze jours au moins avant la réunion de l'assemblée générale, une copie du bilan résumant l'inventaire et du rapport des commissaires est adressée à chacun des actionnaires connus et déposée au greffe du tribunal de commerce.

» Tout actionnaire peut, en outre, prendre

au siége social communication de l'inventaire et de la liste des actionnaires. »

Cet article, en prescrivant le dépôt au greffe du tribunal de commerce du bilan annuel, ne dit pas, comme l'article 8, que toute personne peut en demander communication et copie. Sur l'observation qui en a été faite à la Chambre des députés, il a été expliqué, par le commissaire du gouvernement et par le rapporteur, que le dépôt de ce bilan avait le même but que le dépôt des pièces énoncées en l'article 8, et que si l'autorisation de le voir et de le faire copier n'avait pas été répétée, c'est parce que la chose allait de soi et qu'on a voulu éviter une répétition inutile.

Aucune mesure n'est prise pour justifier l'envoi aux actionnaires de la copie du bilan et du rapport; cependant, rien n'était plus facile que d'ordonner cet envoi par lettres chargées à la poste.

L'article 21 du projet de loi rédigé par le conseil d'Etat contenait un paragraphe dont nous regrettons la suppression. Le voici :

« Dans la quinzaine de la date de l'assemblée
» qui approuve le bilan, il est publié au *Moniteur*
» et dans l'un des journaux désignés pour la publi-
» cation des actes de sociétés dans l'arrondissement
» où la société a son siége principal. »

Cette disposition a disparu, sans doute à cause

de celle introduite par la commission, qui prescrit l'envoi aux actionnaires du bilan et du rapport (1).

Il est à désirer que les statuts de chaque société suppléent à ce qui manque à la loi sous les deux rapports que nous venons de signaler.

« Art. 19. Il est fait annuellement sur les bénéfices nets un prélèvement d'un vingtième au moins, affecté à la formation d'un fonds de réserve.

» Ce prélèvement cesse d'être obligatoire lorsque le fonds de réserve a atteint le dixième du capital social. »

Le fonds de réserve de la société formé à l'aide d'un léger prélèvement sur les bénéfices à répartir, la cessation de ce prélèvement dès que la réserve dépasse un certain chiffre : ce sont des stipulations que la loi a empruntées à une pratique générale.

Il n'y a pas de meilleure manière de faire la loi que de placer ainsi, sous la sauvegarde du droit, ce qui a été admis en fait par une habitude constante.

« Art. 20. En cas de perte des trois quarts du capital social, les administrateurs sont

(1) Cette disposition, vraiment neuve et très-efficace, a été empruntée à la nouvelle loi anglaise. Elle n'est pas dans le texte, mais dans le modèle officiel des statuts qui y est annexé : art. 81, 82, 95, 97. (Voir l'appendice.)

tenus de provoquer la réunion de l'assemblée générale de tous les actionnaires, à l'effet de statuer sur la question de savoir s'il y a lieu de prononcer la dissolution de la société.

» La résolution de l'assemblée est, dans tous les cas, rendue publique dans les formes prescrites par l'article 8. A défaut, par les administrateurs, de réunir l'assemblée générale, tout intéressé peut demander la dissolution de la société devant les tribunaux. »

L'obligation imposée aux administrateurs de réunir l'assemblée générale et de lui proposer de dissoudre la société, dès que la perte des *trois quarts* du capital devient évidente, est empruntée à la fois à l'usage pratiqué en matière d'association d'actionnaires et à l'article 67 de la loi anglaise de 1856 (1).

La publication de l'avis adopté, quel qu'il soit, rentre dans le système de complète publicité, il éclaire les tiers sur la situation de la société.

Dans la discussion à la Chambre, on a dit que c'était attendre trop tard, et qu'avec les pertes de liquidation rien ne resterait aux actionnaires.

On a répondu avec raison : 1° que si l'article 20 imposait le devoir de proposer la dissolution dans

---

(1) Cette remarque est du rapporteur, mais il a ignoré que la disposition de l'article 67 avait disparu dans la loi nouvelle, où cet article porte le n° 79.

certaines circonstances, rien n'empêchait que la question ne fût posée plutôt par les administrateurs, ou par les commissaires, même par les actionnaires, qui, en définitive, sont les maîtres; 2° qu'il faut laisser le plus longtemps possible la chance de rétablir les affaires. Il y a, en effet, des entreprises dans lesquelles l'époque du succès est incertaine et qui demandent une longue patience, notamment les exploitations de mines.

« Art. 21. La dissolution doit être prononcée, sur la demande de tout intéressé, lorsque six mois se sont écoulés depuis l'époque où le nombre des associés a été réduit à moins de sept. »

C'est la sanction de l'article 2, qui fixe à sept le nombre minimum des associés. Toute personne qui a des intérêts engagés avec la société peut user du droit créé par l'article 21. Il est hors de doute qu'on peut, selon la situation du réclamant, s'adresser soit à l'assemblée, soit aux tribunaux. Les associés et les commissaires non associés pourraient seuls saisir l'assemblée.

Le délai de six mois est emprunté à la loi anglaise, mais il produit une autre conséquence que chez nous; tout créancier, dans ce cas, peut considérer les associés réduits à six comme tenus solidairement de ce que lui doit la société.

« Art. 22. Des associés représentant le vingtième au moins du capital social peuvent, dans un intérêt commun, charger à leurs frais un ou plusieurs mandataires d'intenter une action contre les administrateurs à raison de leur gestion, sans préjudice de l'action que chaque associé peut intenter individuellement en son nom personnel. »

Dans la discussion cet article a été attaqué très-vivement et sous deux rapports :

Des jurisconsultes expérimentés, de graves magistrats se plaignaient de ce que, dans une loi spéciale, on renversât le vieux principe du droit français : *Nul ne plaide par procureur*.

Des négociants et des propriétaires reprochaient aussi à cet article de contenir une menace perpétuelle de procès, contre les administrateurs ; car on rendait les procès plus faciles aux actionnaires quinteux et aux gens d'affaires, qui se font entrepreneurs de scandales et veulent marchander leur silence. L'honorable M. de Bussières s'écriait :

« A partir de cet article 22 jusqu'à la fin du projet » de loi, je vois partout une suspicion contre les » administrateurs ; je vois une espèce de mise en » demeure constante ; je vois à chaque article des » pénalités. Eh bien ! ces suspicions et ces pénalités » rendront l'exécution de votre loi impossible. » Le droit commun rend chaque personne respon-

» sable de ce qu'elle fait. Pourquoi changer le droit
» commun ? Contentez-vous du droit commun,
» contentez-vous de la loi dans les termes du droit
» commun, et supprimez l'article 22 ; je ne vois
» pas son utilité, et je propose à la Chambre de ne
» pas l'adopter. »

Malgré ces paroles vives et pleines de bons sens, l'article a été adopté *dans l'intérêt des actionnaires.* Il faut dire aussi que le vieux principe du droit français, qu'on prétendait défendre, avait déjà reçu un grave échec par l'article 14 de la loi du 17 juillet 1856, qui a autorisé les actionnaires, et même la minorité d'entre eux, à plaider par commissaires contre le gérant et le conseil de surveillance. Il n'en était résulté aucun mal, aucune perturbation. Ajoutons que la nécessité de réunir un vingtième du capital social, pour user de l'article 22, garantit suffisamment contre les emportements de la passion et contre les spéculations malhonnêtes.

§ III. — *Prohibitions. — Nullités. — Responsabilités.*

« Art. 23. Il est interdit aux administrateurs de prendre ou de conserver un intérêt direct ou indirect dans une opération quelconque, faite avec la société ou pour son compte, à moins qu'ils n'y soient autorisés par l'assemblée générale pour certaines opérations spécialement déterminées. »

La loi anglaise contient, pour le cas posé, une disposition plus sévère que ci-dessus.

« Le directeur qui est partie prenante ou intéressée » dans le bénéfice de quelque contrat passé avec » la compagnie est *de plano* privé de ses fonc- » tions. »

« Art. 24. Est nulle et de nul effet, à l'égard des intéressés, toute société à responsabilité limitée pour laquelle n'ont pas été observées les dispositions des articles 1, 3, 4, 5, 6, 7, 8 et 9.

» Sont également nuls les actes et délibérations désignés dans l'article 10, s'ils n'ont point été disposés et publiés dans les formes prescrites par les articles 8 et 9.

» Cette nullité ne peut être opposée aux tiers par les associés. »

Tels sont, avec des sévérités plus grandes, les termes de l'article 6 de la loi du 17 juillet 1856 ; les cas de nullité de la société à responsabilité limitée sont très-nombreux d'après le nouvel article ; nous allons les énumérer.

La société est nulle :

1° Si on lui donne une raison sociale;

2° Si elle est désignée autrement que par son objet;

3° Si ses statuts ne sont pas passés devant notaire;

4° Si les actions ou les coupons d'actions ne sont pas de valeur égale;

5° Si le capital excède vingt millions;

6° Si, au-dessus d'un capital de deux cent mille francs, les actions sont de moins de cent francs;

7° Si, pour un capital au-dessus, elles sont de moins de cinq cents francs;

8° Si le capital n'est pas entièrement souscrit;

9° Si le quart du capital ou de la partie du capital consistant en numéraire n'est pas versé;

10° Si cette souscription et ce versement ne sont pas constatés par acte notarié;

11° Si à cet acte notarié on n'a pas annexé la liste des souscripteurs, l'état des versements et les statuts;

12° Si le tout n'a pas été soumis à l'assemblée générale des actionnaires, pour en vérifier la sincérité;

13° Si les apports faits autrement qu'en numéraire et la cause des avantages particuliers n'ont pas été appréciés et approuvés par l'assemblée générale;

14° Si dans les assemblées énoncées nos 12 et 13, et dans celle qui aura nommé les premiers administrateurs, on n'a pas appelé tous les actionnaires, avec voix délibérative;

15° Si dans les assemblées les actionnaires délibérants ne représentaient pas la moitié du capital social;

16° Si les votes ont été émis autrement que ne le prescrivaient les statuts;

17° Si, dans le cas du n° 13 ci-dessus, les actionnaires, intéressés à la décision, ont pris part au vote;

18° Si les commissaires n'ont pas été nommés dans la même assemblée que les premiers administrateurs;

19° Si les administrateurs et les commissaires, présents à la première nomination, n'ont pas déclaré, séance tenante, leur acceptation ou leur refus;

20° Si les administrateurs nommés ne sont pas, au moment de leur nomination, propriétaires, par part égale, d'un *vingtième* du capital social;

21° Si les actions représentant ce *vingtième* ne sont pas frappées d'un timbre indiquant leur inaliénabilité, et ne sont pas déposées dans la caisse sociale;

22° Si, dans la quinzaine de la constitution de la société, les administrateurs n'ont pas fait déposer au greffe du Tribunal de commerce les pièces constatant la constitution sociale, telles que les énonce l'article 8 et la liste des actionnaires souscripteurs, contenant leurs noms, prénoms, qualités, demeures, et le nombre des actions de chacun d'eux ;

23° Si la publication légale, exigée par l'article 42 du Code de commerce, n'a pas été faite conformément à l'article 9 ci-dessus.

L'article 24 porte aussi que les actes et délibérations ayant pour objet la modification des statuts, la prorogation ou la dissolution anticipée de la société, ainsi que le mode de liquidation, sont nuls s'ils n'ont pas été *disposés et publiés* dans la forme prescrite par les articles 8 et 9. Il y a là une erreur : l'article 8 prescrit un dépôt de pièces; l'article 9 prescrit une publication. Ni l'un ni l'autre ne prescrit de *dispositions*. Il faut donc, malgré le *Moniteur* et le *Bulletin des Lois*, lire le mot *déposés*, au lieu de *disposés*.

La cause première de l'erreur est une faute typographique dans le travail de la commission : le rapport de M. du Miral, page 19, porte bien, sur l'article 24, le mot *déposés;* mais le projet de loi lui-même, page 45, lignes 14 et 15 porte *disposés*. L'erreur s'est reproduite lors du vote et à la promulgation.

« Art. 25. Lorsque la nullité de la société ou des actes et délibérations a été prononcée, aux termes de l'article 24 ci-dessus, les fondateurs auxquels la nullité est imputable et les administrateurs en fonctions au moment où elle a été encourue sont responsables solidairement et par corps envers le tiers, sans préjudice des droits des actionnaires.

» La même responsabilité solidaire peut être prononcée contre ceux des associés dont les apports ou les avantages n'auraient pas été vérifiés et approuvés conformément à l'article 5. »

Les fondateurs sont responsables de la constitution de la société; les administrateurs, des actes qu'ils ont accomplis en cette qualité après l'acceptation de leurs fonctions; les associés, qui sont dans les conditions de l'article 5, répondent de sa loyale exécution. Dans ces divers cas, l'équité est respectée; car si ceux qui s'arrogent ou acceptent des fonctions les remplissent mal, si ceux qui veulent s'assurer des avantages n'en accomplissent pas les charges, ils doivent supporter la peine de leur impéritie présomptueuse, de leur négligence ou de leur mauvaise foi.

« Art. 26. L'étendue et les effets de la responsabilité des commissaires envers la société sont déterminés d'après les règles générales du mandat. »

Ceci n'est que le rappel au droit commun.

« Art. 27. Les administrateurs sont responsables, conformément aux règles du droit commun, soit envers la société, soit envers les tiers, de tous dommages-intérêts résultants des infractions aux dispositions de la présente loi et des fautes par eux commises dans leur gestion.

» Ils sont tenus solidairement du préjudice qu'ils peuvent avoir causé soit aux tiers, soit aux associés, en distribuant ou en laissant distribuer sans opposition des dividendes qui, d'après l'état de la société constaté par les inventaires, n'étaient pas réellement acquis. »

Le premier alinéa contient l'application aux administrateurs de la responsabilité résultant, à la charge des mandataires, des articles 1991 et 1992 du Code Napoléon. Ils sont tenus des dommages-intérêts que pourrait entraîner l'inexécution de leur mandat. Ils répondent des conséquences non-seulement de leur dol, mais de leurs fautes graves, car ils doivent être capables d'accomplir le mandat qu'ils ont accepté et presque toujours sollicité.

Le second alinéa est relatif à la distribution aux actionnaires de dividendes avant qu'ils soient *réellement acquis* à la société. Les administrateurs sont solidairement responsables du préjudice que ces distributions causeraient aux tiers et à la société.

Un dividende *réellement acquis*, c'est le bénéfice déjà réalisé, celui que la société ne pourrait perdre que par une cause imprévue, fortuite. Ce doit être une certitude et non pas une espérance, ni une éventualité si favorable qu'elle puisse paraître.

Si dans ce cas il y a ouverture à dommages-intérêts, tous les administrateurs en sont tenus solidairement. Il ne suffirait pas, pour s'y soustraire, que l'un d'eux prouvât qu'il serait resté étranger à la répartition ; il devait s'y opposer, protester.

La commission de la Chambre des députés désirait adoucir cette responsabilité ; elle craignait que beaucoup de négociants honorables ne voulussent pas entrer dans l'administration des nouvelles sociétés, de peur d'encourir des garanties dangereuses ; de même que la responsabilité créée par l'article 10 de la loi du 17 juillet 1856 avait déterminé généralement les membres des conseils de surveillance à se démettre de leurs fonctions et rendu leur remplacement impossible. Le conseil d'Etat a maintenu le principe du Code Napoléon dans son entier.

En désespoir de cause, la commission demandait que l'action en recours contre les administrateurs, pour le fait en question, pût se prescrire par cinq ans. Le conseil d'Etat refusa de déroger dans une loi particulière à la prescription ordinaire, qui est de trente ans. Il s'était montré moins sévère à propos du principe qui modifiait l'article 22.

« Art. 28. Toute contravention à la prescription de l'article 11 est punie d'une amende de 50 francs à 1,000 francs. »

Espérons que quand la société à responsabilité limitée sera entrée dans nos mœurs et nos habitudes commerciales, ce nouveau délit sera effacé de notre Code.

« Art. 29. Sont punis d'une amende de 500 à 10,000 francs ceux qui, en se présentant comme propriétaires d'actions ou de coupons d'actions qui ne leur appartiennent pas, ont créé frauduleusement une majorité factice dans une assemblée générale, sans préjudice de tous dommages-intérêts, s'il y a lieu, envers la société ou envers les tiers.

» La même peine est applicable à ceux qui ont remis les actions pour en faire l'usage frauduleux. »

L'abus signalé et réprimé est fort répandu, depuis longtemps déjà. Il est à souhaiter que le caractère délictueux, qui y est attaché maintenant, le fasse disparaître.

Les termes employés semblent étendre la pénalité aux abus de cette espèce commis vis-à-vis toute société dont le capital est représenté par des actions.

Cependant ceci n'est pas formellement exprimé, et, en matière de pénalité, l'assimilation n'est pas admise.

« Art. 30. L'émission d'actions faite en contravention à l'article 3 est punie d'un emprisonnement de huit jours à six mois et d'une amende de 500 francs à 10,000 francs, ou de l'une de ces peines seulement:

» La négociation d'actions ou coupons d'actions faite contrairement aux dispositions du même article 3 est punie d'une amende de 500 francs à 10,000 francs.

» Sont punies de la même peine toute participation à ces négociations, et toute publication de la valeur desdites actions. »

C'est la reproduction des articles 11 et 12 de la loi du 17 juillet 1856.

« Art. 31. Sont punies de peines portées par l'article 405 du Code pénal, sans préjudice de l'application de cet article à tous les faits constitutifs du délit d'escroquerie :

« 1° Ceux qui, par simulation de souscriptions ou de versements, ou par la publication faite de mauvaise foi de souscriptions ou de versements qui n'existent pas ou de tous autres faits faux, ont obtenu ou tenté d'obtenir des souscriptions ou des versements;

» 2° Ceux qui, pour provoquer des souscriptions ou des versements ont, de mauvaise foi, publié les noms de personnes désignées, contrairement à la vérité, comme étant ou devant être attachées à la société à un titre quelconque;

» 3° Les administrateurs qui, en l'absence d'inventaires ou au moyen d'inventaires frauduleux, ont opéré ou laissé opérer, sciemment et sans opposition, la répartition de dividendes non réellement acquis. »

C'est la reproduction de l'article 13 de la même loi.

« Art. 32. L'article 463 du Code pénal est applicable aux faits prévus par la présente loi. »

Voici la partie de l'article 463 du Code pénal modifié par la loi du 13 mai 1863, qui complète celui-ci :

« Dans tous les cas où la peine de l'emprisonnement et celle de l'amende sont prononcées par le
» Code pénal, si les circonstances paraissent atté-
» nuantes, les tribunaux correctionnels sont auto-

» risés, même en cas de récidive, à réduire ces deux
» peines comme suit :

» Si la peine prononcée par la loi, soit à raison
» de la nature du délit, soit à raison de l'état de
» récidive du prévenu, est un emprisonnement dont
» le minimum ne soit pas inférieur à un an ou une
» amende dont le minimum ne soit pas inférieur à
» 500 francs, les tribunaux pourront réduire l'em-
» prisonnement jusqu'à six jours et l'amende jus-
» qu'à seize francs.

» Dans tous les autres cas, ils pourront réduire
» l'emprisonnement même au-dessous de six jours
» et l'amende même au-dessous de seize francs. Ils
» pourront aussi prononcer séparément l'une ou
» l'autre de ces peines et même substituer l'amende
» à l'emprisonnement, sans qu'en aucun cas elle
» puisse être au-dessous des peines de simple po-
» lice. »

En terminant la discussion de la loi, un des membres de la commission a émis un vœu dont nous souhaitons comme lui la prompte réalisation ; le voici :

« Nous avons déjà plusieurs lois spéciales, dis-
» tinctes et en dehors de nos Codes sur les sociétés.
» Nous avons la loi de 1856 sur les commandites,
» la loi actuelle qui crée des sociétés à responsa-
» bilité limitée; je demande que lorsque l'expérience
» aura démontré la nécessité d'une nouvelle étude

» de cette matière, ce soit par voie de révision com-
» plète.., je demande qu'au lieu de nous présen-
» ter une nouvelle loi spéciale, le gouvernement
» procède par voie de révision du titre des sociétés
» dans le Code de commerce, de manière à enca-
» drer, comme il l'a fait récemment pour le Code
» pénal et pour le gage commercial, les nouvelles
» dispositions dans les grandes divisions du Code.
» Je demande enfin qu'un semblable procédé soit
» appliqué à la révision du titre des sociétés civiles
» dont il est traité dans le Code Napoléon, de ma-
» nière à mettre le régime de ces sociétés en rapport
» avec les besoins nouveaux qui se sont produits,
» en évitant ainsi une foule de difficultés et d'in-
» certitudes que la jurisprudence rencontre dans
» l'application des lois spéciales placées à côté de
» la loi générale, et en respectant l'admirable har-
» monie de nos Codes. »

CHAPITRE VII.

MODÈLE DE STATUTS.

Comme on a pu le remarquer, cette loi du 5 mai 1863 a pour défauts principaux les difficultés qui entourent la fondation des sociétés nouvelles, et leur marche, quand on est parvenu à les fonder. Il n'est pas dans nos Codes un seul contrat qui soit hérissé d'entraves aussi multipliées, autour duquel on ait rassemblé autant de causes de nullité, de responsabilité, autant d'occasions de tomber sous le coup de la loi pénale.

Dans un cas semblable, il est vraiment fâcheux qu'il soit tout à fait contraire à l'esprit de notre législation de demander aux rédacteurs d'une loi d'en faciliter la pratique en fournissant la formule des actes, des contrats nouveaux qu'ils introduisent dans le monde des affaires. En matière scabreuse, délicate, ce serait pour ceux qui devront accepter le rôle d'auteurs, de fondateurs, un motif de tranquillité, que d'avoir sous la main un contrat modèle, auquel ils pussent se conformer avec certitude de bien faire.

Ce que l'autorité législative ne fait pas chez nous, comme elle le fait en Angleterre, nous allons l'essayer; nous allons proposer un modèle de statuts, que les praticiens et les juristes pourront adopter sans crainte et devront modifier selon la nécessité de chaque affaire. Si on le trouve un peu trop développé, on devra nous excuser en songeant que c'est la mise en œuvre de dispositions très-nombreuses et très-compliquées.

PAR DEVANT MM^es^ LEROUX ET SON COLLÈGUE, NOTAIRES A PARIS,

Sont comparus :

M. . . . .

M. . . . .

M. . . . .

Lesquels rédigent présentement les statuts d'une société à responsabilité limitée, pour le commerce en gros des laines françaises et étrangères, qu'ils se proposent de fonder.

TITRE PREMIER.

Constitution provisoire; Durée.

ARTICLE PREMIER.

Il est formé par les présentes une *société à responsabilité limitée* entre les soussignés et les propriétaires des actions ci-après créées.

ARTICLE 2.

La société a pour objet le commerce en gros des laines françaises et étrangères, c'est-à-dire leur achat dans un état quelconque, la préparation et la vente.

ARTICLE 3.

Elle prend le titre et la dénomination de :

COMPTOIR GÉNÉRAL DES LAINES FRANÇAISES ET ÉTRANGÈRES, *société à responsabilité limitée*. (*Capital : 12 millions.*)

ARTICLE 4.

Le siége et le domicile sociaux sont à........, rue.......

ARTICLE 5.

La durée de la société sera de trente années, à partir de la date de la constitution définitive.

TITRE II.

Fonds social ; Actions ; Transferts.

ARTICLE 6.

Le fonds social est fixé à DOUZE MILLIONS DE FRANCS, représenté par *vingt-quatre mille* actions de *cinq cents francs* chacune.

Les actions appartiendront à ceux qui les souscriront ; elles leur seront délivrées dans l'ordre de leur souscription. Chaque souscription en espèces, pour être reçue, devra être accompagnée du versement de *cent vingt-cinq francs* par action, qui sera fait dans les mains du banquier de la société, et contre sa quittance.

ARTICLE 7.

Le paiement des trois quarts restant dus sur les actions est exigible à raison de cent vingt-cinq francs, de trois en trois mois ; le premier trimestre courra à compter du jour de la constitution définitive de la société.

Les paiements se feront au lieu et dans les formes qui seront indiqués par l'administration.

ARTICLE 8.

Des souscriptions d'actions pourront être reçues avec la condition qu'elles seront payables en marchandises ou autres valeurs, soit mobilières, soit immobilières ; si la proposition qui en sera faite aux fondateurs est agréée, l'estimation ou appréciation des marchandises ou autres valeurs offertes aura lieu à dire d'experts, et les souscriptions seront constatées par des actes faits doubles, auxquels seront annexées les expertises en deux originaux.

L'effet de l'article 5 de la loi du 5 mai 1863 et de l'article 67 ci-après sera expressément réservé.

ARTICLE 9.

Chaque action donnera droit à une part proportionnelle : 1° de ce qui composera l'actif social ; 2° des bénéfices à réaliser et du fonds de réserve.

ARTICLE 10.

Les actionnaires ne sont engagés dans la société que pour le montant des actions par eux souscrites ; ils n'ont d'autres obligations que d'opérer le versement ou la livraison des sommes ou valeurs promises.

ARTICLE 11.

Les actions sont nominatives jusqu'à leur entière libération..

ARTICLE 12.

Les titres d'actions sont extraits d'un registre à souche. Ils sont numérotés de 1 à 24,000, frappés du timbre sec de la société, revêtus de la signature d'un administrateur et contresignés par l'un des commissaires.

Chaque paiement d'à-compte sur le capital de l'action est constaté sur le titre.

ARTICLE 13.

Après libération des actions, elles restent nominatives, ou sont remplacées par des actions au porteur, à la volonté du titulaire.

ARTICLE 14.

La cession des actions au porteur s'opère par la tradition des titres ; celle des actions nominatives se fait par transfert, sur un registre social à ce destiné signé du cédant, du cessionnaire, et contresigné par l'un des administrateurs.

Il n'y a lieu à transfert que si les actions cédées sont libérées de deux cinquièmes au moins.

Le souscripteur primitif des actions transférées et tout autre cédant, sont obligés, conjointement et solidairement avec le cessionnaire, au paiement de ce qui peut rester dû sur les titres cédés.

ARTICLE 15.

Les actions sont indivisibles, et la société ne reconnaît qu'un propriétaire pour chacune d'elles. Les copropriétaires d'une action seront tenus de se faire représenter auprès de la société par une seule et même personne.

ARTICLE 16.

A défaut de versement aux échéances des sommes restant dues sur les actions souscrites, comme aussi à défaut de délivrance des valeurs cédées et acceptées, l'intérêt sur le capital à verser ou sur le prix estimatif desdites valeurs sera dû pour chaque jour de retard, à raison de 6 pour 100 par an.

La société pourra exercer l'action personnelle contre les retardataires et, sans préjudice à l'exercice de ce droit, faire vendre les actions en retard à leurs risques et périls.

A cet effet, les numéros de ces actions seront publiés dans le journal le *Moniteur*. A partir du quinzième jour après cette publication, la société, sans mise en demeure et sans autres formalités ultérieures, aura le droit de faire procéder à la vente des actions sur duplicata, à la Bourse de Paris, et par le ministère d'un agent de change.

Les titres primitifs des actions ainsi vendues seront nuls de plein droit, et il sera délivré aux acquéreurs de nouveaux titres ayant les mêmes numéros que ceux annulés.

L'imputation du prix à provenir de la vente, après déduction des frais et intérêts dus, s'opérera en commençant par les versements les plus anciennement exigibles. Le déficit sera à la charge des obligés aux versement ou livraison.

L'excédant du prix de la vente, s'il y en a, appartiendra à l'actionnaire retardataire.

Le souscripteur restera garant du paiement par l'acquéreur des actions, comme en cas de vente volontaire.

ARTICLE 17.

En cas de perte d'un titre d'action, la compagnie ne peut être tenue d'en délivrer un second que moyennant caution, conformément aux articles 151, 152 et 155 du Code de commerce.

Le nouveau titre sera délivré un an seulement après que la déclaration de perte aura été insérée dans deux journaux consacrés aux annonces légales et dans le *Moniteur universel*.

Les trois années pendant lesquelles la caution est engagée courent à compter de la délivrance du nouveau titre.

La déclaration de perte sera faite dans les termes et suivant la forme qui seront indiqués par l'administration.

En cas de décès d'un actionnaire, ses titres nominatifs pourront, sur le vu de certificats de propriété délivrés par des notaires, être remplacés par de nouvelles actions.

ARTICLE 18.

Les actions nominatives libérées pourront toujours être converties en actions au porteur et réciproquement.

ARTICLE 19.

Les droits et obligations attachés à l'action suivent le titre dans quelques mains qu'il passe. La possession d'une action emporte de plein droit adhésion aux statuts de la société et à toutes les décisions de l'assemblée générale.

Les héritiers ou créanciers de l'actionnaire ne peuvent, sous quelque prétexte que ce soit, provoquer l'apposition des scellés sur les biens et valeurs de la société, demander la licitation ou le partage desdits biens et valeurs, ni s'immiscer en aucune manière dans son administration. Ils doivent, pour l'exercice de leurs droits, s'en rapporter exclusivement aux inventaires sociaux et aux délibérations de l'assemblée générale.

ARTICLE 20.

Tout actionnaire doit faire élection de domicile dans l'arrondissement où la société a son siége principal. Les envois des copies de bilans et rapports, les notifications et assignations y seront faits valablement. A défaut de cette élection de domicile, elle a lieu de plein droit : 1° pour les envois de pièces et convocations, en la demeure indiquée sur les états des souscripteurs, déposée au notaire de la société, ou sur les transferts ; 2° pour les actes extra-judiciaires, au parquet de M. le procureur impérial près le tribunal civil de l'arrondissement.

TITRE III.

Administration de la Société.

ARTICLE 21.

La société sera administrée par un ou plusieurs administrateurs ou mandataires, révocables, choisis parmi les associés.

Après six ans, au plus, leurs fonctions cesseront de plein droit, sauf ce qui va être dit pour le remplacement partiel. Les administrateurs peuvent toujours être réélus.

ARTICLE 22.

Tous les deux ans un tiers (ou la fraction la plus approchante) des administrateurs en exercice, cessera ses fonctions.

Après la nomination des premiers administrateurs, réglée par l'article 68, l'assemblée fixera la durée de leurs fonctions et l'ordre de remplacement.

Les pouvoirs de ceux qui leur succéderont, ou de ceux qui seront continués dans leurs fonctions, dureront six années.

ARTICLE 23.

L'administration, représentée par un ou plusieurs administrateurs (s'il y en a plusieurs, par deux au moins), est investie des pouvoirs nécessaires pour représenter la société en toutes circonstances. Elle peut faire tout ce que ferait un commerçant, et spécialement elle donne toutes mainlevées d'oppositions, saisies, inscriptions hypothécaires, se désiste de tous priviléges, hypothèques, droit de gage avec ou sans paiement; elle fait et accepte tous transferts de rentes ou autres valeurs.

ARTICLE 24.

Les administrateurs ont droit conjointement à un traitement annuel de..... francs,[1] qui leur est payé chaque mois, par douzième.

Ils ont droit, en outre, à ..... des bénéfices sociaux, excédant 5 pour 100 du capital social.

ARTICLE 25.

Les administrateurs doivent être, avant leur nomination, propriétaires (par égales portions s'ils sont plusieurs) de douze cents actions du fonds social, versées d'un quart au moins.

Ces actions sont affectées à la garantie de la gestion de l'administration et des dommages-intérêts que les administrateurs pourraient encourir.

ARTICLE 26.

Les actions de garantie seront nominatives et inaliénables, par chaque administrateur, jusqu'à ce qu'il ait rendu ses comptes et ait obtenu son quitus.

Si l'administration est composée de plusieurs membres, ceux qui cesseraient leurs fonctions, avant les autres, pourraient obtenir de l'assemblée la remise et restitution de leurs actions de garantie, dès qu'ils seront remplacés, si d'ailleurs aucune malversation ni responsabilité ne leur est imputée.

ARTICLE 27.

Les actions de garantie seront frappées d'un timbre indiquant leur inaliénabilité et seront déposées dans la caisse sociale.

ARTICLE 28.

Si l'administration est composée de plusieurs personnes, leurs délibérations et décisions sur tous actes de gérance seront consignées par ordre chronologique ou de séance sur un livre de procès-verbaux signé des membres présents; aucun d'eux ne pourra refuser sa signature, sans motiver son refus par écrit.

Pour délibérer, les membres de l'administration devront être au nombre des deux tiers du total. En cas de partage, la prépondérance appartiendra à l'administrateur auquel l'assemblée l'aurait accordée, et à défaut de stipulations à cet égard, au doyen d'âge.

La clôture de chaque procès-verbal indiquera la séance suivante.

ARTICLE 29.

Les membres de l'administration ne contractent, à raison de leurs fonctions, aucune obligation personnelle autre que celle résultant de leur qualité d'actionnaires.

Quant aux actes de leur gestion, ils sont responsables comme de simples mandataires, tant qu'ils ne commettent aucune infraction à la loi spéciale du 5 mai 1863.

ARTICLE 30.

L'administration sera formée dans la première assemblée générale des actionnaires qui sera convoquée par les fondateurs pour la constitution définitive de la société, conformément aux articles 51 et 68.

ARTICLE 31.

Cette assemblée fixera le nombre des administrateurs à élire; elle les choisira parmi les actionnaires possédant le nombre d'actions voulues, pour six ans au plus, sauf l'effet du renouvellement partiel réglé article 22 et sous réserve du droit de révocation.

Il pourra être donné à l'un d'eux voix prépondérante pour le cas de partage sur les décisions relatives aux affaires sociales.

ARTICLE 32.

Le droit de révocation d'un ou plusieurs administrateurs est exercé par l'assemblée générale extraordinaire. L'administration, et à son défaut, les commissaires, dont il est question articles 38 et suivants, sont tenus de convoquer une assemblée extraordinaire à l'effet de lui soumettre la proposition de révocation, si la demande en est faite par des associés représentant le vingtième au moins du capital social.

ARTICLE 33.

Il sera procédé, séance tenante s'il est possible, au remplacement de l'administrateur qui serait révoqué. Dans le cas contraire, l'assemblée sera, sans nouvelle convocation, prorogée à quinzaine pour faire la nomination d'un nouvel administrateur.

ARTICLE 34.

Si un administrateur vient à cesser ses fonctions avant que leur durée soit accomplie, il ne sera apporté aucun changement à l'administration avant la prochaine assemblée ordinaire ; elle sera convoquée extraordinairement, au même jour, pour remplacer les administrateurs défaillants.

Cependant, la convocation serait immédiate s'il ne restait pas au moins deux administrateurs en fonctions.

ARTICLE 35.

Dans le cas de remplacement d'administrateur, conformément aux articles 33 et 34, les fonctions du nouvel élu ne durent que pendant le temps qui reste à courir pour les fonctions de l'administrateur remplacé.

ARTICLE 36.

Pour éviter toute vacance de l'administration, il sera procédé à la réélection ou au remplacement des administrateurs dont les pouvoirs cessent par l'expiration du temps, le 15 juillet qui précédera le jour de cette expiration.

A cet effet, tous les actionnaires, sans distinction, seront convoqués en assemblée générale extraordinaire, et il y sera procédé au choix des nouveaux administrateurs comme il est réglé, articles 28 et 30, et pour six années, qui prendront cours du jour seulement où le remplacement s'effectuera.

L'assemblée ordinaire se réunira après l'assemblée extraordinaire ; les associés qui ne possèdent pas cinq actions pourront pour cette fois y assister, mais ils auront seulement voix consultative, ils ne prendront pas part au vote.

ARTICLE 37.

Il est interdit aux administrateurs de prendre ou de conserver un intérêt, direct ou indirect, dans une opération quelconque faite avec la société, ou pour son compte, à moins qu'ils n'y soient autorisés par l'assemblée pour certaines opérations spécialement déterminées.

TITRE IV.

Commission d'examen de surveillance.

ARTICLE 38.

Il y a une commission d'examen et de surveillance, composée de trois membres, élus chaque année par l'assemblée générale ordinaire, et dont les fonctions expirent après l'assemblée de l'année suivante et le règlement des comptes.

ARTICLE 39.

Ces commissaires peuvent être choisis parmi les actionnaires présents ou non présents ; ils peuvent être étrangers à la société.

Leurs fonctions sont rémunérées ; la rémunération est fixée provisoirement par l'assemblée qui les nomme, et définitivement après l'exercice de leurs fonctions. Ils sont rééligibles.

ARTICLE 40.

La commission est chargée d'examiner et de surveiller les actes de l'administration.

Toutes les fois qu'elle le juge convenable, dans l'intérêt social, elle a droit de prendre communication des livres, de la correspondance et des papiers en général.

Elle peut vérifier la caisse et le portefeuille.

Elle a droit de convoquer extraordinairement l'assemblée générale des actionnaires.

ARTICLE 41.

L'administration doit dresser, à la fin de chaque trimestre, un état résumant la situation active et passive, et en envoyer copie à chacun des membres de la commission, ainsi que l'état des pièces à l'appui, qui devront être tenues à leur disposition au siége social.

ARTICLE 42.

L'inventaire et le bilan annuels que l'administration est tenue de faire, sont communiqués à la commission, avec le compte de l'année, quarante jours avant l'assemblée générale annuelle.

La commission fait un rapport sur la situation de

la société, sur l'inventaire, le bilan et les comptes présentés. Dans les vingt jours ce rapport est remis à l'administration qui en donne récépissé.

ARTICLE 43.

A défaut de nomination des commissaires par l'assemblée générale, comme aussi en cas d'empêchement, de refus ou de cessation de fonctions d'un ou plusieurs d'entre eux, il est procédé à leur nomination ou à leur remplacement, par ordonnance du président du Tribunal de commerce du ressort, à la requête des commissaires en fonctions, et, à leur défaut, de tout intéressé.

Les administrateurs, en tout cas, et les commissaires, si la requête n'est pas présentée par eux, sont appelés, par acte extrajudiciaire, à deux jours d'intervalle au moins, pour assister à la présentation de la requête et faire leurs observations s'il y a lieu.

ARTICLE 44.

Si la commission constate que le capital social est perdu jusqu'à concurrence des trois quarts, elle devra en aviser sans retard l'administration, et la requérir de convoquer les actionnaires en assemblée générale extraordinaire pour leur proposer de dissoudre la société.

A défaut par l'administration de faire la convocation dans la huitaine, elle sera faite par la commission.

Il en serait de même si pour un motif quelconque les commissaires pensaient qu'il y eût lieu de dissoudre la Société avant l'époque fixée par les statuts ou de proroger sa durée.

TITRE V.

Fonctionnement de la Société.

ARTICLE 45.

Les administrateurs géreront les affaires de la société en bons pères de famille et avec toute l'économie possible.

Dans les actes, mémoires, factures, annonces, publications et autres documents émanés de l'administration, la dénomination sociale sera toujours accompagnée de ces mots écrits lisiblement en toutes lettres :

Société à responsabilité limitée. (Capital de douze millions.)

L'administrateur qui omettrait cette énonciation serait seul passible de l'amende; si l'omission était reprochable à un employé, les administrateurs seraient tenus solidairement, sauf leur recours contre qui de droit.

ARTICLE 46.

Tous les trois mois, il sera fait, par les administrateurs, une balance générale des comptes et un état ou inventaire sommaire résumant la situation active et passive. Cet état sera envoyé à chacun des membres de la commission d'examen, comme il est dit article 41.

ARTICLE 47.

En cas de perte des trois quarts du capital social, l'administration est tenue de provoquer la réunion de l'assemblée générale extraordinaire, à l'effet de statuer sur la question de savoir s'il y a lieu de prononcer la dissolution de la société.

La résolution de l'assemblée sera, dans tous les cas, rendue publique dans les formes prescrites par l'article 8 de la loi du 5 mai 1863 et par les articles 70 et 71 ci-après.

A défaut d'exécution du présent article les administrateurs seront passibles de tous dommages et intérêts.

TITRE VI.

Assemblées générales.

ARTICLE 48.

L'assemblée générale représente l'universalité des

actionnaires ; ses décisions sont obligatoires pour tous, même pour les absents et pour ceux qui n'ont pas droit d'en faire partie.

ARTICLE 49.

Les assemblées générales sont ordinaires ou extraordinaires.

L'assemblée ordinaire se réunit chaque année, en exécution de l'article 12 de la loi du 5 mai 1863. Elle est fixée au 15 juillet ou au lendemain, si le 15 est un jour férié.

Les opérations consistent dans celles ci-après :

1° Présentation, par les administrateurs, de l'inventaire, du bilan et des comptes de l'année ;

2° Audition du rapport de la commission d'examen ;

3° Discussion des comptes et approbation, s'il y a lieu ;

4° Nomination des commissaires pour l'année suivante ;

5° Solution des difficultés imprévues que présente la gérance et la marche de la société.

L'assemblée extraordinaire a pour objet de statuer dans les cas suivants :

1° Révocation d'administrateurs, proposée conformément à l'article 32 ;

2° Dissolution de la société pour cause de perte des trois quarts du capital ;

3° Propositions faites par les commissaires, dans l'intérêt de la société ;

4° Modifications au pacte social ;

5° Dissolution anticipée de la société, pour perte d'une partie quelconque du capital et pour toutes autres causes.

6° Mode de liquidation après dissolution ;

7° Continuation de la société au delà du terme fixé pour sa durée.

L'initiative des propositions, prévues sous les quatre derniers numéros, appartient aux administrateurs, aux commissaires et à tout groupe d'actionnaires représentant le dixième au moins du capital social.

ARTICLE 50.

Les propriétaires de cinq actions au moins font partie des assemblées générales ordinaires. La propriété de cinq actions donne droit à une voix ; la propriété de dix actions à deux voix ; et ainsi de suite, en augmentant d'une voix par cinq actions, sans que la même personne puisse avoir, par elle-même, plus de dix voix, non compris celles dont elle disposerait comme mandataire.

ARTICLE 51.

Tous les actionnaires, même ceux qui ne possèdent qu'une action, ont droit d'assister aux assemblées générales extraordinaires, avec voix délibérative. Ceux qui possèdent plus de cinq actions ont en outre le droit d'exprimer plusieurs voix, comme il est dit en l'article précédent.

ARTICLE 52.

Dans toutes les assemblées :

Les délibérations sont prises à la majorité des voix.

La présidence appartient à celui des commissaires qui est désigné par la commission d'examen, et à son défaut, par le membre de l'assemblée que désignent, avant l'ouverture de la séance, les quinze plus forts actionnaires présents dirigés par le doyen d'âge.

Le président choisit le secrétaire et prend deux scrutateurs parmi les quinze plus forts actionnaires. Les administrateurs et les commissaires siégent au bureau.

ARTICLE 53.

Les actionnaires ont droit de se faire représenter dans les assemblées par des mandataires. Le pouvoir peut être donné à tout actionnaire quand même il n'aurait pas droit par lui-même d'assister à l'assemblée. Les personnes étrangères à la société peuvent être mandataires, si elles sont admises par le bureau, c'est-à-dire par la majorité des président, secrétaire et scrutateurs de l'assemblée, délibérant avec les commissaires présents.

Le mandataire non admis peut se substituer séance tenante un membre de l'assemblée, ce qui est mentionné au procès-verbal.

ARTICLE 54.

Les assemblées générales ordinaires, doivent être composées d'un nombre d'actionnaires représentant au moins le quart du capital social.

Les assemblées extraordinaires, d'un nombre d'actionnaires représentant au moins moitié de ce capital,

ARTICLE 55.

Si les assemblées ordinaires ou extraordinaires (sauf les exceptions ci-dessous), ne réunissent pas un nombre d'actionnaires suffisant, pour représenter les portions du capital sus-indiquées, elle doivent s'abstenir de toute délibération; elles sont convoquées de nouveau, et dans cette deuxième réunion elles délibèrent valablement, quelle que soit la fraction du capital représentée par les actionnaires présents.

Ceci ne s'applique pas aux assemblées extraordinaires qui ont à statuer sur la nomination des premiers administrateurs, sur les modifications aux statuts, sur la prorogation de la durée de la société, sur sa dissolution anticipée. Dans ces divers cas, la présence d'actionnaires possédant moitié du capital social, peut seule valider la délibération.

ARTICLE 56.

Les convocations ordinaires ou extraordinaires sont faites par avis inséré, quinze jours au moins avant l'époque de la réunion, dans le *Moniteur universel*, dans un journal d'annonces légales, et encore par circulaires adressées à tous les actionnaires connus, qui ont droit d'assister à l'assemblée.

Pour les convocations extraordinaires, les avis et circulaires doivent indiquer l'objet de la réunion.

La réunion a lieu, à l'endroit indiqué par la convocation.

ARTICLE 57.

Les propriétaires d'actions au porteur ou leurs fondés de pouvoirs doivent, pour assister aux assemblées, déposer leurs titres et leurs procurations au siége social, deux jours au moins avant celui fixé pour la réunion. Il leur en est donné récépissé qui sert de carte d'entrée.

Les titulaires d'actions nominatives ou leurs mandataires peuvent retirer leur carte d'entrée, même la veille de l'assemblée, sur la représentation de leurs titres d'actions et le dépôt des procurations, s'il y a lieu.

ARTICLE 58.

Les délibérations de l'assemblée sont constatées par des procès-verbaux signés par le président, le secrétaire et les scrutateurs. Il est tenu une feuille de présence ; elle contient les noms, prénoms, et domiciles des actionnaires, le nombre d'actions dont chacun d'eux est propriétaire ; elle est signée en double original, par chaque membre de l'assemblée et certifiée par le bureau ; un des doubles est annexé au procès-verbal, l'autre est déposé au siége social et doit être communiqué à la réquisition de tout intéressé.

TITRE VII.

Inventaires.—Bénéfices.—Dividendes.

ARTICLE 59.

Le 1er juin au plus tard, l'administration établit :

1° Un inventaire détaillé contenant l'indication des valeurs mobilières et immobilières appartenant à la société et leur évaluation, ainsi que toutes les dettes actives et passives ;

2° Une balance générale des comptes de l'année constatant les bénéfices ou les pertes ;

3° Un bilan résumant l'inventaire et les comptes.

Dans les cinq jours, ces inventaire, bilan et comptes sont adressés aux commissaires avec l'état de toutes les pièces à l'appui, tenu à leur disposition, sans préjudice de leur droit absolu de vérification et examen.

Aussitôt que l'administration a reçu le rapport de la commission d'examen et quinze jours au plus tard avant l'époque de l'assemblée annuelle, elle adresse à chaque actionnaire qui a fait connaître son domicile : 1° la copie du bilan résumant l'inventaire et les comptes de l'année ; 2° la copie du rapport des commissions.

Cet envoi se fait, par lettres chargées, à la poste, dont il est justifié à l'assemblée.

ARTICLE 60.

En même temps, c'est-à-dire quinze jours avant l'assemblée, le bilan et les conclusions du rapport, certifiés conformes par les administrateurs, sont déposés au greffe du Tribunal de commerce et sont insérés dans le journal le *Moniteur universel* avec mention du dépôt et de l'envoi aux actionnaires.

Copie entière de l'inventaire, du bilan, des comptes, du rapport et de la liste des actionnaires est tenue, dans un bureau spécial de la société, à la disposition de tout intéressé qui en demanderait communication ; pendant le même délai, un employé, désigné par les commissaires, est chargé de donner les communications et extraits qui seraient demandés par les intéressés.

ARTICLE 61.

Si l'inventaire et les comptes sont approuvés et qu'ils constatent des bénéfices, l'assemblée générale fixe le dividende à répartir, après prélèvement de dix pour cent affectés à la formation d'un fonds de réserve.

Ce prélèvement pourra être suspendu quand le fonds de réserve aura atteint douze cent mille francs et tant qu'il se maintiendra à ce chiffre.

ARTICLE 62.

Le dividende sera, après le prélèvement, affecté intégralement aux actionnaires jusqu'à concurrence de cinq pour cent du capital.

Sur l'excédant il sera prélevé un dixième pour la part de bénéfice attribuée à l'administration ; le surplus sera réparti entre les actionnaires, en même temps que les cinq pour cent.

ARTICLE 63.

Les dividendes seront payés annuellement en une seule fois à l'époque qui aura été fixée par l'assemblée, sur la présentation des bons de dividendes au porteur, joints aux actions et sauf déduction des frais de timbre et de transmission, s'il y a lieu.

L'état de ces frais, qui ne pourra comprendre que les déboursés, restera affiché dans le bureau de paiement de la société ; cet état contiendra la somme à retenir et la somme nette à payer pour chaque action au porteur et pour chaque action nominative, avec la série de une action jusqu'à cent.

ARTICLE 64.

Tout dividende non réclamé dans les trois ans de son exigibilité, est prescrit au profit de la société, et porté au compte des profits et pertes de l'année où la prescription est accomplie.

TITRE IV.

Constitution définitive et publications.

ARTICLE 65.

Dès que la totalité du capital social sera souscrite, la souscription sera close de plein droit, et les fondateurs prendront les mesures nécessaires pour arriver à la constitution définitive de la société.

ARTICLE 66.

Les comparants déposeront audit Me Leroux, notaire, par acte à la suite des présentes :

1° La liste générale des actionnaires, indiquant leurs noms, prénoms, qualité, demeure, élection de domicile, le nombre d'actions souscrites. Si des actions sont payables autrement qu'en numéraire, il en sera fait mention sur la liste.

2° Le compte courant de la société chez son banquier, constatant le versement, dans les mains de celui-ci, du quart de toutes les actions payables en numéraire.

Ils certifieront la sincérité de ces deux pièces, et déclareront de nouveau les faits y contenus exacts et véritables.

ARTICLE 67.

S'il y a des souscripteurs d'actions payables autrement qu'en numéraire ; si des avantages particuliers ont été stipulés au profit d'associés, les titulaires des souscriptions d'actions payables en numéraire seront convoqués en assemblée générale, par les fondateurs, pour examiner et apprécier la valeur des apports proposés et la cause des avantages accordés.

Les conventions provisoires et les expertises, s'il en existe, seront soumises à l'assemblée qui nommera une commission pour en faire la vérification, le contrôle et l'appréciation.

La commission fera son rapport dans une assemblée convoquée à quinzaine de la première, et qui statuera sur l'estimation des apports, sur l'approbation des avantages accordés.

Les souscripteurs et les personnes avantagées dont il est question peuvent assister aux délibérations et présenter des observations, mais ils n'ont pas droit de voter.

Ces deux assemblées doivent, à peine de nullité,

réunir des souscripteurs représentant ensemble moitié du capital social non soumis à vérification.

ARTICLE 68.

Quand ces préliminaires seront réglés, ou s'il n'y a pas lieu d'appliquer l'article 5 de la loi du 5 mai 1863, une assemblée générale des souscripteurs sera convoquée par les fondateurs pour constater la constitution définitive de la société.

Tous les souscripteurs auront droit d'y assister, et ils ne pourront délibérer que s'ils représentent au moins moitié du capital.

Les pièces justifiant de l'accomplissement des prescriptions de la loi seront soumises à l'assemblée; si elle les trouve régulières, elle nommera les membres de l'administration, conformément à l'article 31 ; s'ils sont plusieurs, elle réglera l'ordre de la cessation de leurs fonctions, soit par délibération, soit par un tirage au sort; elle pourra aussi donner à l'un d'eux voix prépondérante pour le cas de partage.

Elle nommera trois commissaires, conformément à l'article 38.

Les administrateurs et commissaires élus qui seront présents déclareront, séance tenante, leur acceptation ou leur refus.

En cas d'absence, l'acceptation sera faite par acte

notarié; si elle a lieu par mandataire, le pouvoir devra être authentique.

La société n'est constituée que par l'acceptation des premiers administrateurs et des commissaires. La déclaration de cette constitution, comme point de départ, est faite ou par le procès-verbal de l'assemblée ou par acte notarié.

ARTICLE 69.

Les assemblées sont convoquées et procèdent dans les cas des articles 67 et 68 comme il est réglé pour les assemblées extraordinaires.

Les procès-verbaux des délibérations qui précéderont la constitution définitive, seront déposés chez le notaire de la société par acte en suite des présentes et par les soins des fondateurs.

ARTICLE 70.

Dans la quinzaine de la constitution de la société les administrateurs sont tenus de déposer au greffe du Tribunal de commerce :

1° Une expédition des statuts sociaux ;

2° Une expédition de l'acte constatant la souscription du capital et du versement du quart ;

3° Une expédition des procès-verbaux des délibérations prises par l'assemblée générale dans les cas prévus par les articles 67 et 68 ;

4° Une expédition de la liste nominative des souscripteurs contenant les noms, prénoms, qualité, demeure et le nombre d'actions de chacun d'eux.

Tous ces documents doivent en outre être affichés d'une manière apparente dans les bureaux de la société et y demeurer constamment en vue du public.

ARTICLE 71.

Dans le même délai de quinzaine un extrait des actes et délibérations énoncés dans l'article précédent est transcrit, publié et affiché suivant le mode prescrit par l'article 42 du Code de commerce.

L'extrait doit contenir les noms, prénoms, qualité et demeure des administrateurs ; la désignation de la société, de son objet et du siége social ; la mention qu'elle est à responsabilité limitée, l'énonciation du montant du capital social, tant en numéraire qu'en autres objets ; la quotité à prélever sur les bénéfices pour composer le fonds de réserve ; l'époque où la société commence, celle où elle doit finir et la date du dépôt au greffe du Tribunal de commerce, des pièces énoncées sous l'article précédent.

L'extrait est signé par les administrateurs de la société.

ARTICLE 72.

Tous actes et délibérations ayant pour objet la modification des statuts, la continuation de la société au delà du terme fixé pour sa durée, la dissolution avant ce terme et le mode de liquidation, sont soumis aux formalités prescrites par les articles 70 et 71 ci-dessus; ils sont déposés au greffe et publiés conformément à l'article 42 du Code de commerce et aux articles 8 et 9 de la loi du 5 mai 1863.

ARTICLE 73.

Pour l'exécution des présentes jusqu'à constitution définitive de la société, les comparants font comme fondateurs, élection de domicile en l'étude de Me Leroux, notaire. Après cette constitution ils élisent domicile en leur demeure.

Fait et passé à Paris en l'étude, l'an 1863, *etc.*

APPENDICE.

APPENDICE.

EXTRAIT DU DISCOURS DE M. DENIÈRE

Président du Tribunal de Commerce du département de la Seine, prononcé au Tribunal de Commerce

le 9 *juillet* 1861.

« Cette loi (loi du 17 juillet 1856), est de date trop récente pour qu'il soit nécessaire de rappeler le tableau de ce charlatanisme éhonté, de ces fortunes scandaleuses et de ces ruines soudaines qui motivent l'intention du législateur. Cette intervention a porté en partie ses fruits. Les sages prescriptions imposées pour la constitution définitive de la société, la vérification et le contrôle des apports, ont assuré une juste protection à l'intérêt des tiers et sauvegardé les actionnaires contre le retour des coupables manœuvres qui avaient alarmé l'opinion. Mais ces utiles mesures, il faut le reconnaître, n'ont pas trouvé leur complément efficace dans le rôle assigné aux conseils de surveillance. Les membres du conseil, en effet, exposés à l'action des créanciers de la société et des actionnaires, n'ont pas tardé à déserter des fonctions qui, toutes gratuites, les soumettaient à une responsabilité imparfaitement définie dans ses causes et illimitée dans ses conséquences, et cette désertion, que motivaient des appréhensions sinon légitimes au moins respectables, a porté un coup funeste à l'essor des sociétés en commandite.

» Nous ajouterons que, dans notre pensée, l'imperfection du système, qu'une si courte expérience a déjà condamné, ne réside point dans les attributions conférées aux conseils de surveillance ni dans les responsabilités qui lui incombe, mais prend sa source dans le principe même des sociétés en commandite par actions, composées de deux éléments distincts, de deux catégories d'associés, le gérant et les commanditaires n'ayant ni les mêmes droits, ni les mêmes responsabilités.

. . . .

» Nous avons été depuis peu de temps trop souvent les témoins dans notre pays des inconvénients attachés à la société en commandite par actions ; nous avons en trop de circonstances constaté combien pouvait être funeste l'action omnipotente du gérant, disposant arbitrairement des capitaux, souvant de la fortune de ses associés ; nous avons trop bien apprécié l'insuffisance du contrôle prescrit par la loi, fût-il régulièrement exercé, pour ne pas être frappé des avantages d'un système qui, tout en consacrant les droits des tiers, assure aux capitaux engagés dans le commerce et l'industrie une direction vigilante et éclairée. Ces avantages ne sauraient être contestés, et le rapide développement des sociétés en commandite anglaises, connues sous la dénomination de *Joint stock companies*, démontre la sagesse des bases sur lesquelles elles reposent. Ces bases ne sont autres que celles des sociétés anonymes, et l'application pratiquée sous nos yeux avec la sanction du succès est de nature à nous encourager à multiplier les emprunts qui ont été faits à cette excellente forme d'association, pour la constitution des sociétés en commandite par actions et à poursuivre entre les dernières sociétés et les sociétés anonymes une assimilation que notre loi du 17 juillet 1856 nous semble avoir eu le tort de ne pas rendre plus complète. Cette assimilation, en ôtant aux sociétés anonymes leur caractère privilégié et d'exception, établirait au profit des capitaux voués au travail une égalité commandée par les besoins de nos mœurs et de nos institutions.

» Au reste, quelle que soit la transformation qu'on juge à propos d'opérer, il convient de ne pas retarder plus longtemps l'étude des mesures de protection dues aux capitaux commanditaires ; il est important de mettre un terme à un malaise dont la cause principale peut être justement attribuée à l'insuffisance de la loi. On ne saurait d'ailleurs oublier que dans l'état de division de nos fortunes, chacun de nous est voué à de constants efforts : que tous prennent plus ou moins indirectement part au commerce, qu'il importe d'assurer le prix de ces luttes laborieuses, et que parmi les voies à ouvrir à l'activité nationale se place au premier rang une loi qui devienne un encouragement à la formation des sociétés, seules puissances capables de faire face aux promesses de l'avenir.

» Qu'on n'attribue pas mes paroles à un sentiment irréfléchi : quand on est appelé par sa mission à appliquer les dispositions législatives ; quand juge-commerçant on assiste au spectacle de ce combat engagé entre la société en progrès et la loi immobile, on ne peut se refuser à connaître et on est entraîné à proclamer les désastreuses conséquences des lois désavouées par les mœurs. »

PROJET DE LOI

Sur les Sociétés à responsabilité limitée,

Présenté au Corps législatif le 16 mai 1862.

Article premier.

Il peut être formé, sans l'approbation et l'autorisation exigées pour les sociétés anonymes par l'art. 37 du Code de commerce, des sociétés dans lesquelles aucun des associés n'est tenu au delà de sa mise.

Ces sociétés prennent le titre de : *Sociétés à responsabilité limitée.*

Elles sont soumises aux dispositions des art. 29, 30, 32, 33, 34, 36 et 40 du Code de commerce.

Art. 2.

Dans tous les actes, factures, enseignes, annonces, publications et autres documents émanés des sociétés à responsabilité limitée, la dénomination sociale doit toujours être précédée ou suivie immédiatement de ces mots écrits en toutes lettres : *Société à responsabilité limitée.*

Toute contravention à la présente disposition est punie d'une amende de 50 à 1,000 fr.

Art. 3.

Le nombre des associés dans les sociétés à responsabilité limitée ne peut être au-dessous de dix.

Le capital ne peut être inférieur à 200,000 fr. Il ne peut excéder 10 millions.

Est nulle toute stipulation ayant pour effet de diminuer le capital social au-dessous de 200,000 fr. ou de l'augmenter au-dessus de 10 millions, soit par des modifications apportées aux statuts, soit par des émissions de nouvelles séries d'actions.

Art. 4.

Les sociétés à responsabilité limitée ne peuvent diviser leur capital en actions ou coupons d'actions de moins de 100 fr., lorsque ce capital n'excède pas 200,000 fr., et de moins de 500 fr. lorsqu'il est supérieur.

Elles ne peuvent être définitivement constituées qu'après la souscription de la totalité du capital social, et le versement du quart au moins du capital qui consiste en numéraire.

Cette souscription et ces versements sont constatés par une déclaration des fondateurs, faite par acte notarié.

A cette déclaration sont annexés la liste des souscripteurs, l'état des versements faits par eux et l'acte de société.

Art. 5.

Les actions des sociétés à responsabilité limitée sont nominatives jusqu'à leur entière libération.

Les souscripteurs d'actions sont, nonobstant toute stipulation contraire, responsables du montant total des actions par eux souscrites.

Les actions ou coupons d'action ne sont négociables qu'après le versement des deux cinquièmes.

Art. 6.

Lorsqu'un associé fait, dans une société à responsabilité limitée, un apport qui ne consiste pas en numéraire, ou stipule à son profit des avantages particuliers, l'assemblée générale des actionnaires fait apprécier la valeur de l'apport ou la cause des avantages stipulés.

La société n'est définitivement constituée qu'après approbation dans une réunion ultérieure de l'assemblée générale.

Les associés qui ont fait l'apport ou stipulé des avantages soumis à l'appréciation et à l'approbation de l'assemblée générale n'ont pas voix délibérative.

ART. 7.

La société à responsabilité limitée est administrée par des mandataires à temps, révocables, associés, salariés ou gratuits.

Les administrateurs doivent être propriétaires, par parts égales, d'un dixième au moins du capital social.

Les actions formant ce dixième sont affectées à la garantie de la gestion des administrateurs.

Elles sont nominatives, inaliénables, frappées d'un timbre indiquant l'inaliénabilité et déposées dans la caisse sociale.

ART. 8.

Les administrateurs sont nommés par une assemblée générale convoquée à la diligence des fondateurs, postérieurement à l'acte qui constate la souscription du capital social et le versement du quart du capital qui consiste en numéraire.

La même assemblée nomme, pour la première année, les commissaires dont il est question dans l'art. 21.

ART. 9.

Un extrait de l'acte de société, de l'acte constatant la souscription du capital et le versement du quart, et des délibérations prises par l'assemblée générale dans les cas prévus par les art. 6 et 8, sera déposé, transcrit, publié et affiché suivant le mode et dans le délai prescrits par l'art. 42 du Code de commerce.

Ce délai ne court que du jour de la nomination des administrateurs par la première assemblée générale, ou, dans le cas prévu par l'art. 6, du jour de la délibération de l'assemblée générale qui a vérifié la valeur de l'apport ou la cause des avantages stipulés au profit de l'un des associés.

Art. 10.

L'extrait doit contenir :

Les noms, prénoms, qualités et demeures des administrateurs, ceux de tous les souscripteurs d'actions et le nombre d'actions souscrites par chacun ;

La désignation de la société ;

La mention qu'elle est *à responsabilité limitée.*

Il doit énoncer, en outre, le montant du capital social, tant en numéraire qu'en autres objets ;

La somme des versements opérés ;

La quotité à prélever sur les bénéfices pour composer le fonds de réserve ;

L'époque où la société doit commencer et celle où elle doit finir.

L'extrait est signé par les notaires qui ont reçu l'acte de société et l'acte constatant les souscriptions du capital social et le versement du quart.

Art. 11.

Est nulle et de nul effet, à l'égard des intéressés, toute société à responsabilité limitée constituée, contrairement aux dispositions des art. 3, 4, 5, 6, 7 et 8.

Cette nullité ne peut être proposée aux tiers par les associés.

Art. 12.

Lorsque la société est annulée aux termes de l'article précédent, les administrateurs sont responsables solidairement et par corps envers les tiers de la totalité des dettes sociales, sans préjudice des droits des actionnaires.

La même responsabilité solidaire peut être prononcée contre ceux des associés dont les apports ou les avantages n'auraient pas été vérifiés et approuvés conformément à l'art. 6.

ART. 13.

Tous actes et délibérations ayant pour objet la modification des statuts, la continuation de la société au delà du terme fixé pour sa durée, la dissolution avant ce terme et le mode de liquidation, sont soumis aux formalités prescrites par les art. 11 et 12.

ART. 14.

Les administrateurs ne peuvent être nommés pour plus de six ans.

Ils sont toujours rééligibles, sauf stipulation contraire.

ART. 15.

Les assemblées générales doivent être composées d'un nombre d'actionnaires représentant la moitié du capital social, lorsqu'elles délibèrent :

Sur l'objet indiqué dans l'art. 6 ;

Sur la nomination des premiers administrateurs dans le cas prévu par l'art 8 ;

Sur les modifications aux statuts ;

Sur des propositions de continuation de la société au delà du terme fixé pour sa durée ou de dissolution avant ce terme et sur le mode de liquidation.

Lorsque l'assemblée délibère sur l'objet indiqué dans l'art. 6, le capital social, dont la moitié doit être représentée, se compose seulement des apports non soumis à la vérification.

Un nombre d'actionnaires représentant le quart du capital social suffit pour la validité des délibérations des assemblées générales qui sont convoquées pour procéder à la vérification et à l'approbation des comptes ou pour délibérer sur les opérations sociales et sur les mesures nécessaires à la marche de la société.

Si, dans le cas prévu par le paragraphe précédent, l'assemblée ne réunit pas le nombre d'actionnaires qui y est indiqué, une nouvelle assemblée générale est convoquée, et elle délibère valablement, quel que soit le nombre des actionnaires présents.

Art. 16.

Dans toutes les assemblées générales, les délibérations sont prises à la majorité des voix.

Les statuts déterminent le nombre d'actions nécessaire pour être admis dans l'assemblée et le nombre de voix appartenant à chaque actionnaire, eu égard au nombre d'actions dont il est porteur.

La feuille de présence contient les noms et domicile des actionnaires et le nombre d'actions dont chacun d'eux est porteur.

Art. 17.

Il est tenu au moins une assemblée générale chaque année.

Art. 18.

Toute société à responsabilité limitée doit dresser, au moins une fois par an, le bilan de sa situation active et passive.

Ce bilan est présenté à l'assemblée générale.

ART. 19.

Il est fait annuellement, sur les bénéfices nets, un prélèvement d'un dixième au moins affecté à la formation d'un fonds de réserve.

Ce prélèvement cesse d'être obligatoire lorsque le fonds de réserve a atteint le quart du capital social.

ART. 20.

En cas de perte des trois quarts du capital social dûment constatée, la dissolution de la société doit être prononcée par l'assemblée générale ou par les Tribunaux.

Les administrateurs sont tenus de la provoquer; tout intéressé peut en faire la demande.

Il en est de même lorsque six mois se sont écoulés depuis l'époque où le nombre des associés a été réduit à moins de dix.

ART. 21.

L'assemblée générale annuelle désigne un ou plusieurs commissaires chargés de faire un rapport à l'assemblée générale suivante sur le bilan exigé par l'article 18 et sur les comptes des administrateurs.

En cas d'empêchement ou de refus d'un ou de plusieurs des commissaires nommés par l'assemblée générale, ils sont remplacés par ordonnance du président du Tribunal de commerce du siége de la société, à la requête de tout intéressé, les administrateurs dûment appelés.

La délibération contenant approbation du bilan et des comptes est nulle si elle n'a été précédée du rapport des commissaires.

Dans la quinzaine de la date de la réunion de l'assemblée qui a approuvé le bilan, il est publié au *Moni-*

teur et dans l'un des journaux désignés pour la publication des actes de société, dans l'arrondissement où la société a son siége principal. Il est, en outre, affiché pendant l'exercice suivant, d'une manière apparente, au siége social.

Tout actionnaire a le droit de se faire remettre un exemplaire ou de se faire délivrer une copie du bilan et du rapport des commissaires.

Art. 22.

Les commissaires ont droit, toutes les fois qu'ils le jugent convenable dans l'intérêt social, de prendre communication des livres, d'examiner les opérations de la société et de convoquer l'assemblée générale.

Art. 23.

L'étendue et les effets de la responsabilité des commissaires envers la société sont déterminés d'après les règles générales du mandat.

Art. 24.

Il est interdit aux administrateurs de prendre ou de conserver un intérêt direct ou indirect dans une opération quelconque faite avec la société ou pour son compte.

Art. 25.

Les administrateurs qui distribuent ou laissent distribuer sans opposition des dividendes qui ne sont pas réellement acquis, sont tenus solidairement d'en rétablir le montant dans la caisse de la société, sans préjudice de plus amples dommages-intérêts, s'il y a lieu, envers les tiers ou les associés.

ART. 26.

Les administrateurs sont responsables, conformément aux règles du droit commun, soit envers la société, soit envers les tiers, de tous dommages-intérêts résultant des infractions aux dispositions de la présente loi et des fautes par eux commises dans leur gestion.

ART. 27.

L'émission d'actions ou de coupons d'actions d'une société constituée contrairement aux dispositions des articles 3 et 4 de la présente loi est punie d'un emprisonnement de huit jours à six mois, et d'une amende de 500 fr. à 10 000 fr., ou de l'une de ces peines seulement.

La négociation d'actions ou coupons d'actions, dont la valeur ou la forme serait contraire aux dispositions des articles 4 et 5 de la présente loi ou pour lesquels le versement des deux cinquièmes n'aurait pas été fait conformément à l'article 5, est punie d'une amende de 500 fr. à 10,000 fr.

Sont punies de la même peine toute participation à ces négociations et toute publication de la valeur desdites actions.

ART. 28.

Sont punis des peines portées par l'article 405 du Code pénal, sans préjudice de l'application de cet article à tous les faits constitutifs du délit d'escroquerie :

1° Ceux qui, par simulation de souscriptions ou de versements ou par la publication faite de mauvaise foi de souscriptions ou de versements qui n'existent pas ou de tous autres faits faux, ont obtenu ou tenté d'obtenir des souscriptions ou des versements ;

2° Ceux qui, pour provoquer des souscriptions ou des versements, ont, de mauvaise foi, publié les noms des personnes désignées contrairement à la vérité, comme étant ou devant être attachées à la société à titre quelconque ;

3° Les administrateurs qui, au moyen d'inventaires frauduleux, ont opéré entre les actionnaires la répartition de dividendes non réellement acquis à la société.

L'article 463 est applicable aux faits prévus par le présent article.

Art. 29.

Des associés, représentant le vingtième du capital social, peuvent, dans un intérêt commun, charger à leurs frais un ou plusieurs mandataires d'intenter une action contre les administrateurs, à raison de leur gestion, sans préjudice de l'action que chaque société peut intenter individuellement en son nom personnel.

Ce projet de loi a été délibéré et adopté par le conseil d'Etat dans ses séances des 30 avril, 8 et 14 mai 1862.

EXPOSÉ DES MOTIFS

Du projet de loi sur les Sociétés à responsabilité limitée.

Par M. Duvergier, conseiller d'Etat, rapporteur

(16 mai 1862).

Le Code de commerce reconnaît l'existence et règle l'organisation de trois espèces de sociétés : les sociétés en nom collectif, les sociétés anonymes et les sociétés en commandite.

Celles-ci peuvent se subdiviser en deux classes : les sociétés en commandite ordinaires ou à parts d'intérêt, et les sociétés en commandite par actions.

Le projet qui vous est présenté a pour objet l'établissement d'une nouvelle espèce de société.

L'article 1er en indique le caractère principal, en disant qu'aucun de ses membres n'est tenu au delà de sa mise, et qu'elle n'est point cependant soumise à l'examen et à l'approbation du gouvernement.

Ainsi elle diffère des sociétés en nom collectif, dans lesquelles tous les associés sont solidairement tenus et sur tous leurs biens du paiement des dettes sociales ; des sociétés en commandite, en ce qu'elle n'a point de gérant indéfiniment responsable envers des tiers ; enfin des sociétés anonymes, puisqu'elle se constitue par la seule volonté de ceux qui la composent.

Pour donner une idée complétement exacte des considérations qui ont déterminé le gouvernement à vous proposer d'introduire dans notre législation cette forme nouvelle d'association commerciale, il n'est pas inutile de rappeler quelques circonstances qui ont exercé sur sa solution une certaine influence.

Les dispositions du titre III du livre 1er du Code de commerce ont longtemps assuré une protection efficace aux intérêts industriels et commerciaux engagés dans les nombreuses sociétés qui se sont formées sous leur empire. Elles ont paru concilier la liberté qu'il faut laisser aux conventions privées et les garanties que réclame l'intérêt public.

Mais à une époque récente, des désordres dont il était impossible de contester la gravité se sont manifestés ; le gouvernement s'en est ému, vous avez éprouvé la même impression et reconnu comme lui la nécessité de combattre un système de fraude qui menaçait de prendre chaque jour plus d'extension et de produire des effets plus fâcheux.

C'est de cette communauté de vues, de cet accord de sentiments entre le gouvernement et le Corps législatif qu'est née la loi du 17 juillet 1856.

Vous savez quel a été son but. Elle a voulu écarter le dol de la constitution des sociétés en commandite par actions, organiser une surveillance sérieuse des actes de la gérance, punir des faits moralement aussi coupables que ceux qui constituent l'escroquerie ou l'abus de confiance et contre lesquels nos lois pénales ne contenaient point de dispositions répressives ; elle a voulu, par l'ensemble de ces mesures, défendre les actionnaires contre leurs propres entraînements, les protéger contre des manœuvres souvent grossières, mais dont une extrême crédulité a plus d'une fois rendu le succès facile.

Les résultats ont exactement répondu à ces intentions. Les combinaisons frauduleuses, déconcertées par de sages précautions, intimidées par la perspective d'un juste châtiment, ont à peu près disparu. Mais on a cru pouvoir signaler, à côté de ces bons effets de la loi, des conséquences regrettables. On a prétendu qu'elle avait dépassé le but et que, si elle avait empêché les mauvais desseins de réussir, elle avait arrêté l'exécution des projets honnêtes.

Ces critiques se sont renouvelées plusieurs fois et, dans quelques occasions, avec assez d'autorité pour que le gouvernement ait cru devoir en faire l'objet d'un sérieux examen.

Il s'est convaincu, par une nouvelle étude des dispositions de la loi de 1856, rapprochées des applications qu'elles ont reçues devant les tribunaux, qu'elles avaient, en prévenant les entreprises de la fraude, laissé aux associations loyales toute la liberté désirable, qu'elles avaient déterminé avec clarté les fonctions des membres des conseils de surveillance et celles des gérants, en imposant aux uns et aux autres, conformément aux règles du droit commun, la responsabilité inhérente à la nature de leurs attributions ; que les pénalités qu'elles prononçaient s'appliquaient avec justice à des faits coupables et nuisibles, sciemment et volontairement accomplis; qu'enfin, si on avait vu le nombre des sociétés en commandite par actions diminuer, il ne fallait ni s'en étonner, ni s'en plaindre ; que c'était un résultat prévu et même espéré, auquel d'ailleurs avaient contribué, dans une certaine mesure, les événements politiques et la situation économique qui en a été la conséquence.

Si donc, les observations sur lesquelles a été appelée l'attention du gouvernement s'étaient bornées à remettre en question la sagesse et l'utilité des dispositions de la loi du 17 juillet 1856, nous n'aurions point à soumettre à votre appréciation un projet de loi relatif aux sociétés de commerce. Mais les principes qui sont la base de notre législation sur les associations commerciales ont été contestés dans quelques-unes de leurs applications, dont les jurisconsultes et les économistes s'accordaient à faire l'apologie et dont l'utilité semblait démontrée par une longue expérience.

Ainsi, le mécanisme si ingénieux des sociétés en commandite par actions, au moyen duquel les efforts de l'intelligence et du travail s'unissent à la puissance des capitaux, et qui a produit de si excellents effets, n'a point échappé à la critique.

Les sociétés en commandite sont, a-t-on dit, formées de deux éléments distincts toujours en présence, souvent en état de lutte : la gérance, investie d'un pouvoir absolu pour l'administration des affaires sociales, et la commandite, condamnée à une inaction presque complète.

Si, a-t-on ajouté, les commanditaires se renferment dans la stricte légalité, leurs intérêts sont à la merci d'un gérant infidèle ou incapable ; ils ne peuvent ni lui donner l'impulsion qui leur paraît bonne, ni résister à sa direction s'ils la croient mauvaise. Les assemblées générales sont réduites à l'examen rétrospectif des faits accomplis ; toute délibération, tout acte qui sort des limites qui leur sont imposées peut constituer une immixtion et donner naissance à la redoutable responsabilité établie par les articles 27 et 28 du Code de commerce.

Si, au contraire, les conventions statutaires restreignent les pouvoirs de la gérance, si elles en transportent une partie à l'assemblée générale, elles ont un double inconvénient; elles ne font point disparaître les dangers de l'immixtion, car il ne dépend pas de la volonté des parties de déroger à une disposition protectrice des droits des tiers, et le gérant dépouillé de son autorité se trouve dans une position singulière ; il reste exposé à la responsabilité d'actes qui ne sont pas émanés de sa libre initiative.

Le régime des sociétés anonymes a aussi trouvé des détracteurs.

On le sait, les sociétés anonymes ne peuvent exister, aux termes de l'article 37 du Code de commerce, qu'avec l'autorisation de l'Empereur et avec son approbation pour l'acte qui les constitue.

Nécessairement, a-t-on dit, l'instruction qui précède le décret d'autorisation exige un certain temps; elle entraîne des lenteurs toujours funestes au succès des entreprises commerciales.

Des justifications dont la nature et l'étendue ne sont point déterminées doivent être fournies soit à l'administration, soit au conseil d'Etat, dont sans cela l'examen serait inutile et même impossible.

L'autorisation peut être retirée, s'il apparaît que la société s'écarte des statuts qui ont eté approuvés.

Ainsi sa formation et sa durée ne dépendent pas de la volonté seule de ses membres; elle est placée en dehors du principe de la liberté des conventions.

Enfin, si cette forme spéciale peut convenir à de vastes associations ayant pour objet l'exécution ou l'exploitation de grands travaux d'utilité publique ou d'autres entreprises semblables, elle est évidemment inapplicable aux opérations ordinaires du commerce.

Dans ces appréciations du régime des sociétés en commandite par actions et des sociétés anonymes, il y a des remarques judicieuses et des faits bien observés; mais il faut reconnaître qu'elles présentent un caractère évident d'exagération.

Dans la réalité, les sociétés en commandite par actions ne sont point tour à tour livrées au pouvoir despotique d'un gérant ou gouvernées par les caprices d'une assemblée. Une longue expérience a démontré que la conciliation entre l'autorité de la gérance et les droits de la commandite n'est ni aussi difficile, ni aussi rare qu'on a paru le penser. Certainement on peut affirmer que les sociétés dans lesquelles règne une parfaite harmonie sont beaucoup plus nombreuses que celles qui sont troublées par des dissensions intérieures, et cela se comprend très-bien lorsqu'on ramène à leur juste mesure les conséquences de l'antagonisme qui existe entre les éléments de la société en commandite.

Sans doute, l'administration appartient exclusivement au gérant, et l'intérêt de la société, comme les principes du droit, veulent qu'il soit libre dans l'exercice de ses pouvoirs ; mais aux commanditaires appartiennent la surveillance et le contrôle de ses actes ; la loi leur défend seulement d'intervenir dans les opérations de la gestion. La difficulté que présente en théorie la détermination précise du point où finit la surveillance et commence la gestion, tend à disparaître dans la pratique. La sagesse des tribunaux a donné sur ce point des solutions aussi nombreuses et aussi variées que les espèces qui les ont provoquées. Réunies, elles forment aujourd'h i un corps de doctrine qui est un guide assuré pour les jurisconsultes et pour les commerçants.

Pour les sociétés anonymes, il convient d'abord de rappeler les raisons qui rendent nécessaire l'autorisation du gouvernement.

En matières d'obligations conventionnelles, il y a un principe fondamental qu'exprime avec autant de précision que de force l'axiome : *Qui s'oblige oblige le sien*, qui est également consacré, et presque dans les mêmes termes, par les articles 2092 et 2093 du Code Napoléon.

Ainsi, quand un engagement est formé, il faut qu'il s'exécute, et tous les biens de celui qui l'a contracté sont affectés à cette exécution. Dans les sociétés en commandite, la règle est respectée. Si les commanditaires ne sont tenus que jusqu'à concurrence de leurs mises, c'est parce qu'ils se sont bornés à promettre de verser leurs fonds entre les mains du gérant, qui, personnification de la société, contracte avec les tiers et par suite est tenu envers eux, non-seulement sur tous les biens de la société, mais aussi sur tous les siens. Dans les sociétés anonymes, ce sont les associés réunis qui s'engagent personnellement, puisque les administrateurs ne sont que leurs mandataires. Les associés devraient donc être tenus sur tous leurs biens des obligations sociales. C'est par dérogation au droit commun, par une faveur spéciale, que la responsabilité est limitée aux sommes formant l'ensemble des mises sociales. Mais cette exception s'explique par cette considération que l'autorité publique, protectrice des intérêts généraux, s'est assurée que la société est loyalement constituée, qu'elle a un capital suffisant et qu'elle n'a en vue que des opérations honorables.

Pour obtenir l'autorisation qui leur est nécessaire, les sociétés anonymes n'ont ni longs délais à subir ni grandes difficultés à vaincre. On leur demande de présenter des souscriptions sérieuses, un capital convenable, des apports sincères, c'est-à-dire des garanties pour la société contre ses administrateurs, et pour les tiers contre la société.

Toutes les sociétés dans lesquelles on trouve sous ces différents rapports des sûretés satisfaisantes obtiennent avec la même facilité et la même promptitude l'approbation de leurs statuts. Jamais la pensée de faveur, de concession de privilége n'entre dans l'appréciation qui précède le décret d'autorisation et dans les motifs qui déterminent à le rendre.

Après avoir réduit à leur juste valeur les reproches et les critiques, après avoir rétabli la vérité des faits et restitué aux différentes espèces d'associations aujourd'hui existantes le caractère propre à chacune d'elles, le gouvernement a soumis au plus consciencieux examen l'importante question de savoir si, dans l'intérêt de l'industrie et du commerce, il était opportun d'ajouter aux trois formes de sociétés qui sont reconnues par les lois en vigueur, une société ayant une forme et une organisation différentes.

Le projet qui vous est présenté est le résultat de délibérations, dans lesquelles les théories juridiques, l'expérience des praticiens, les principes de l'économie sociale et les progrès de la législation chez les nations voisines ont été consultés et mis à profit.

Le premier article, nous l'avons déjà fait remarquer, caractérise très-nettement le régime nouveau.

Il déclare qu'on pourra former des associations qui, sous le nom de *sociétés à responsabilité limitée*, ne seront point soumises à l'autorisation exigée pour les sociétés anonymes, et dans lesquelles, néanmoins, aucun des associés ne sera tenu au delà de sa mise.

Les avantages et les facilités que présente ce système frappent au premier coup d'œil.

C'est la liberté pour la constitution de la société, la liberté pour son administration, avec la limitation de la responsabilité individuelle à la mise de chaque associé, et de la responsabilité collective au fonds social.

Il serait difficile de proposer des combinaisons meilleures pour les associés et plus séduisantes pour les capitaux.

Mais la sollicitude du législateur ne doit pas s'attacher d'une manière exclusive à ce qui peut favoriser les sociétés au moment de leur formation et attirer les sommes nécessaires à la constitution du fonds social ; sa vue doit s'étendre plus loin, embrasser les divers intérêts qui peuvent se trouver en opposition avec ceux des associés et accorder à tous une égale protection.

Or, il faut en convenir, la confiance publique serait souvent trompée s'il était permis à tous ceux qui en auraient la pensée de former des associations qui ne seraient soumises à aucun contrôle, à aucune régle spéciale, à aucune condition particulière, et qui pourraient contracter des engagements sans autre garantie qu'un capital, la plupart du temps insuffisant.

Si l'on tolère que les obligations des sociétés anonymes n'aient pour gage que le montant des mises sociales, c'est parce que, on ne saurait trop insister sur ce point, une légitime présomption de sagesse et de bonne foi s'attache à des statuts qui ont obtenu l'approbation de l'autorité souveraine.

Le projet tend au même but en employant des moyens différents. Il ne place point la garantie des tiers dans un examen préalable du contrat social, il laisse à la volonté des parties plus d'indépendance. Mais, pour empêcher la fraude ou l'imprudence d'abuser de la liberté qu'il accorde, il impose des conditions à la constitution des sociétés, il prescrit pour leur administration des règles auxquelles elles devraient, dans leur intérêt bien entendu, se soumettre de leur propre mouvement.

En s'engageant dans cette voie, on avait un double écueil à éviter, l'excès de précaution et l'insuffisance de garantie. L'un rendrait impossible la formation des sociétés, l'autre ne donnerait point au public la sécurité nécessaire, et par cela même écarterait la confiance et le crédit.

Les dispositions dont nous allons présenter l'analyse vous paraîtront, nous osons l'espérer, se maintenir, entre ces extrémités opposées, dans les bornes de la modération, et donner aux intérêts de toute nature la satisfaction qu'ils ont droit de demander.

Il importe, avant tout, que personne ne puisse être trompé sur la valeur et l'étendue des garanties qu'offriront les sociétés à responsabilité limitée. Le meilleur moyen pour prévenir les erreurs, c'est d'obliger les associations de ce genre à proclamer elles-mêmes, dans tous les actes par lesquels elles manifestent leur existence, leur nature spéciale.

L'article 2 leur impose ce devoir et punit toute infraction d'une amende de 50 fr. à 1,000 fr.

Lorsque le nouveau régime sera entré dans les mœurs commerciales, peut-être pourra-t on se relâcher de cette sévérité ; mais, dans les premiers temps, il faut s'armer de rigueur contre ceux qui, par un calcul frauduleux, ou même seulement par négligence, laisseraient ignorer aux tiers leur situation exceptionnelle.

Si la disposition est fidèlement observée, elle empêchera qu'il ne s'élève de légitimes réclamations. Des créanciers ne seront point autorisés à se plaindre de l'insuffisance des ressources affectées à leur paiement, lorsque sur leur titre même ils auront lu la mention que ces ressources étaient limitées au capital de la société ; que, par conséquent, ils n'avaient aucun droit sur les biens personnels des associés.

Après avoir dit que ce salutaire avertissement sera donné et répété toutes les fois que l'occasion pourra s'en présenter, le projet s'occupe des règles spéciales qui doivent présider r la constitution de la société et des conditions auxquelles est subordonnée sa validité.

Il exige d'abord le concours de dix personnes au moins, et il ne permet pas que le capital social soit inférieur à 200,000 fr., ou supérieur à dix millions.

Il était indispensable de renfermer ainsi dans certaines limites le nombre des associés et le capital social.

Les sociétés à responsabilité limitée ont un objet sur lequel il ne faut pas se méprendre et dont on ne doit pas souffrir qu'elles s'écartent ; elles sont instituées pour favoriser, dans l'intérêt des opérations ordinaires du commerce et de l'industrie, les associations de capitaux.

Or, une société entre moins de dix associés sera, la plupart du temps, fondée sur les convenances personnelles de ceux qui voudront l'établir, et pour les satisfaire ils pourront employer la forme de la société en nom collectif ou de la société en commandite.

Lorsqu'une somme inférieure à 200,000 fr. sera assez considérable pour fournir l'aliment nécessaire aux opérations sociales, les procédés qui sont maintenant en usage seront assez puissants pour constituer un pareil capital.

Enfin, s'il s'agit de travaux ou de spéculations auxquels il soit indispensable de consacrer un capital supérieur à dix millions, on sera évidemment en dehors des opérations d'intérêt privé, objet habituel de l'activité commerciale ou industrielle, et l'on devra recourir soit à la société anonyme, soit à la société en commandite par actions.

Aux termes de l'art. 31 du Code de commerce, les sociétés anonymes sont administrées par des mandataires à temps, révocables, associés ou non, salariés ou gratuits.

L'article 7 du projet reproduit cette disposition, en exigeant toutefois que les administrateurs soient pris parmi les associés et qu'ils soient propriétaires, par portions égales, du dixième au moins du capital social.

Pour la société comme pour les tiers, il est très-important que l'administration ne puisse être confiée qu'à ceux qui sont personnellement intéressés au succès de l'entreprise; et pour que cette obligation ne soit pas éludée, il a fallu fixer non-seulement la part du capital social qui doit appartenir aux administrateurs réunis, mais aussi celle dont chacun d'eux doit être individuellement propriétaire.

Ce ne sont point là les seules dispositions qui soient relatives à la constitution de la société; il en est d'autres non moins importantes, qui sont contenues dans les articles 4, 5, 6, 9, 10, 11, 12 et 13. Mais celles ci sont empruntées à la loi du 17 juillet 1856, dans la partie qui n'a trouvé que des approbateurs. Nous devons donc nous borner à en indiquer la substance, en ayant soin de signaler les modifications que la différence des deux espèces de sociétés a rendues nécessaires.

L'article 4 détermine le chiffre des actions ou des coupons d'actions, eu égard au chiffre du capital social.

Il ne permet de constituer la société qu'après la souscription de la totalité du capital social, et le versement du quart au moins du capital qui consiste en numéraire.

Il veut que cette souscription et ce versement soient constatés par une déclaration des fondateurs faite par acte notarié.

Le sens du mot *fondateurs* n'est point déterminé par un texte formel. Mais dans la pratique personne ne se méprendra sur les personnes qu'il désigne. Une société, surtout une société nombreuse, ne se forme point par le consentement spontané de tous ses membres ; l'idée première appartient toujours à une ou à quelques personnes qui, après l'avoir mûrie, cherchent à la propager. Elles sollicitent et obtiennent des adhésions, elles fondent véritablement la société.

Le vœu de la loi est que les fondateurs soient associés. Le premier titre ne peut convenir qu'à ceux qui ont droit au second. Un individu qui par ses soins parviendrait à déterminer un certain nombre de capitalistes, de commerçants ou d'industriels à former une société à laquelle il resterait étranger ne serait qu'un agent, un intermédiaire ; on ne pourrait lui donner le titre de fondateur et considérer comme digne de quelque confiance sa déclaration que le capital est souscrit en entier et que le quart a été versé.

Les articles 5 et 6 reproduisent sans modifications les dispositions qui déterminent l'époque où les actions peuvent cesser d'être nominatives et le moment où elles deviennent négociables ; ils règlent ainsi la durée de la responsabilité des souscripteurs et le mode de vérification des apports qui ne consistent pas en numéraire, ou des avantages particuliers accordés à l'un des associés.

Les articles 9, 10, 11 et 13 appliquent aux actes constitutifs des sociétés à responsabilité limitée les formalités qui sont prescrites par les articles 42, 43, 44 et 46 du Code de commerce, pour donner de la publicité aux actes de société en général.

Mais il a paru nécessaire d'introduire dans ces articles quelques légers changements.

Ainsi, l'article 42 du Code de commerce fait courir de *la date* des actes de société le délai de quinzaine dans lequel ils doivent être publiés. Cela ne pouvait être autrement pour des sociétés qui sont constituées du jour même où les actes sont signés; mais lorsque la constitution de la société est subordonnée à des conditions dont l'accomplissement est nécessairement postérieur au contrat, la date du contrat ne peut être le point de départ du délai de quinzaine; c'est évidemment le jour de l'accomplissement des conditions.

Le second paragraphe de l'article 9 est explicite à cet égard.

Au nombre des énonciations que doit contenir l'extrait dont la publication est ordonnée, la mention que : *la société est à responsabilité limitée*, est prescrite comme l'une des plus importantes.

Une première sanction est écrite dans l'article 11, qui déclare nulle toute société constituée contrairement aux règles précédentes. Le même article désigne ceux à l'égard desquels la nullité est prononcée et ceux qui ne peuvent l'opposer aux tiers, et il emploie les expressions *intéressés* et *associés*, dont se sert l'article 42 du Code de commerce, et dont la jurisprudence a depuis longtemps fixé le sens.

En outre, l'article 12 fait peser sur les administrateurs les conséquences de l'annulation; il les oblige à payer les créanciers qui seraient lésés par suite de la nullité prononcée et réserve aux associés leurs recours pour le cas où ils éprouveraient aussi quelque préjudice.

Cette responsabilité résulte, pour les adminstrateurs,

de leur qualité même et des devoirs qu'elle leur impose.

Ils sont nommés, aux termes de l'article 8, aussitôt que la souscription totale du capital social et le versement du quart sont constatés dans la forme prescrite par le troisième paragraphe de l'article 4.

En entrant en fonctions, le premier soin doit être de vérifier si les dispositions des articles 3, 4, 5, 6, 7 et 8 ont été observées; ils doivent ensuite remplir les formalités de publication, conformément aux articles 9 et 10.

Ce sont des devoirs dont l'accomplissement est facile et dont par conséquent l'inexécution n'est point excusable.

Si ceux qui acceptent les fonctions d'administrateurs ne les remplissent pas ou les remplissent mal, s'ils compromettent par là les intérêts des tiers ou ceux de leurs co-associés, il est juste qu'ils réparent le préjudice qu'a causé leur négligence.

A l'article 13 s'arrêtent les dispositions relatives à l'établissement de la société, et à l'article 14 commencent celles qui tracent les règles de l'administration.

La direction et la surveillance des affaires sociales sont confiées, avec des attributions et des obligations diverses, aux administrateurs, à l'assemblée générale et à des commissaires spéciaux nommés chaque année.

Les administrateurs sont élus par l'assemblée générale; ils ne peuvent l'être pour plus de six ans; mais ils sont toujours rééligibles, sauf stipulation contraire (art. 14).

Ce délai de six ans suffit pour maintenir dans le sein de l'administration l'uniformité de vues et l'esprit de suite si utiles pour la bonne direction des affaires; d'un autre côté, les actionnaires ne sont pas privés de la faculté de remplacer ceux des administrateurs qui ne leur paraissent pas devoir être conservés.

Le projet ne s'explique point sur les pouvoirs généraux des administrateurs; il se refère à cet égard au droit commun. Mais il indique avec précision certaines obligations auxquelles ils sont assujettis et certains actes qui leur sont interdits.

Premièrement, ils sont te nus de dresser chaque année le bilan de la situation active et passive de la société, de le présenter avec leurs comptes à l'assemblée générale, d'en solliciter et d'en obtenir l'approbation, de faire afficher le bilan dans la quinzaine et de mettre à la disposition de chaque associé une copie ou un exemplaire tant du bilan approuvé que du rapport des commissaires (art. 18 et 21).

En second lieu, il n'est pas permis aux administrateurs de prendre ou de conserver un intérêt direct ou indirect dans une opération quelconque faite avec la société ou pour son compte.

Il fallait éviter qu'ils fussent placés entre leur intérêt et celui de la société; c'eût été une situation délicate, dans laquelle l'intérêt de la société aurait pu souvent être mal défendu et quelquefois ouvertement sacrifié.

Troisièmement, enfin, défense est faite aux administrateurs de distribuer ou de laisser distribuer des dividendes non réellement acquis (art. 25).

La sanction naturelle d'une semblable disposition consiste dans l'obligation de rétablir dans la caisse de la société les sommes qui en ont été indûment retirées.

Dans quelques occasions, cette restitution pourra ne pas être la réparation entière du préjudice causé soit à des tiers, soit aux associés; les administrateurs seront obligés de la compléter.

Plus cette responsabilité peut être grave, plus il est nécessaire de bien caractériser la contravention qui lui donne naissance.

D'abord, la responsabilité doit-elle être imposée à tous les administrateurs, même à ceux qui n'auraient point personnellement concouru à la distribution illégale.

La question est clairement résolue par l'article 25. Il déclare qu'en règle générale les administrateurs qui laissent distribuer sont, comme ceux qui distribuent, tenus solidairement de la restitution et des dommages-intérêts.

Cela est fondé sur ce qu'un acte aussi important que la distribution des dividendes est présumé l'œuvre commune et collective de tous ceux qui sont chargés de l'administration.

Si l'un des administrateurs pense que ses collègues se trompent sur le caractère des sommes dont ils se proposent de faire la distribution, il doit s'y opposer. Ce ne serait pas assez de se tenir à l'écart, de fermer les yeux, de garder le silence, de s'abstenir. Un acte formel d'opposition est nécessaire pour repousser la responsabilité.

Il ne faut pas non plus se méprendre sur la portée de ces mots : *Dividendes non réellement acquis.*

Il ne suffit pas que des opérations engagées fassent concevoir des espérances qui paraissent presque des certitudes, ni même que des conventions faites, des marchés conclus, constituent des droits véritables, des créances positives. Les résultats probables des entreprises, les effets des conventions et des traités ne sont pas encore des bénéfices qu'on puisse distribuer. Si on en fait la répartition avant qu'ils soient effectivement réalisés, avant que la caisse sociale ait reçu les sommes qui en sont la représentation, c'est sur le capital social qu'est pris ce qui est donné aux actionnaires sous le nom de dividendes ; c'est là ce que les administrateurs ne peuvent faire sans se compromettre.

Au surplus, l'article 26, par une disposition générale, décide que toutes les fois que la société ou des tiers auront éprouvé un dommage par suite d'infractions à la loi ou de fautes imputables aux administrateurs, ceux-ci en devront la réparation. C'est le droit commun, c'est notamment la règle à laquelle sont soumis tous les mandataires par les articles 1991 et 1992 du Code Napoléon.

Le projet contient quelques dispositions essentielles sur la proposition des assemblées générales, sur la portion du capital qui doit y être représentée, selon l'importance des objets de leurs délibérations, et sur leur périodicité.

Il se borne à poser le principe que les résolutions sont prises à la majorité des voix; mais il ne décide point si tout actionnaire, ne fût-il porteur que d'une seule action, aura le droit de prendre part aux délibérations; il laisse aux statuts de chaque société le soin de résoudre la question et de fixer non-seulement le nombre d'actions nécessaires pour être admis dans l'assemblée, mais aussi le nombre de voix que doit avoir chaque actionnaire, eu égard au nombre d'actions dont il est porteur.

Une règle uniforme et immuable n'aurait pas été sans de graves inconvénients, en présence de sociétés si diverses, soit par leur composition, soit par leur importance, soit par le nombre des associés, soit par la valeur des actions (art. 15, 16 et 17).

Il était indispensable d'organiser un système de contrôle des opérations de l'administration et de sa comptabilité. Il y est pourvu de la manière suivante.

Des commissaires nommés chaque année par l'assemblée générale sont chargés de l'examen préalable du bilan et des comptes dressés par les administrateurs, et l'assemblée générale ne peut valablement délibérer, lorsqu'ils lui sont présentés, que sur le rapport des commissaires. Sans cette instruction préliminaire, les votes ne seraient pas suffisamment éclairés.

Les commissaires ont droit, toutes les fois qu'ils le

jugent convenable dans l'intérêt social, de prendre communication des livres, d'examiner les opérations de la société et de convoquer l'assemblée générale.

Si ces pouvoirs ne leur étaient pas conférés, ils seraient dans l'impossibilité de rendre à la société le service qu'elle doit attendre de leur intervention ; ils ne rempliraient pas le but pour lequel la loi les institue.

Leur mission est d'ailleurs clairement déterminée; elle constitue un mandat, mais un mandat renfermé dans des limites assez restreintes et dont, au surplus, l'étendue et les effets sont réglés par les principes du droit commun (art. 21, 22 et 23).

Deux articles placés sous les numéros 19 et 20 prescrivent des mesures qui sont déjà adoptées dans beaucoup de sociétés, et qui ont paru devoir être aussi avantageuses pour les sociétés que profitables aux tiers. L'un ordonne de faire annuellement sur les bénéfices nets un prélèvement qui est affecté à la formation d'un fonds de réserve, et qui cesse d'être obligatoire lorsque la réserve a atteint le quart du capital social; l'autre déclare qu'en cas de perte des trois quarts du capital social, la dissolution de la société doit être prononcée, soit par une délibération de l'assemblée générale, soit par une décision judiciaire; il fait un devoir aux administrateurs de provoquer la dissolution, et reconnaît à tout intéressé le droit de la demander.

Le fonds de réserve établit une sage et prévoyante compensation entre les résultats de la bonne et de la mauvaise fortune; il emprunte au présent au profit de l'avenir ; il est un motif de confiance pour les tiers, une ressource et un élément de crédit pour la société.

La dissolution, obligée, quand les trois quarts du capital social sont perdus, empêchera les gens honnêtes de s'aveugler sur leur situation et de courir à une ruine complète; elle empêchera surtout de tromper le public par une apparence de vie, lorsque, dans la réalité, la société ne peut plus exister.

Presque toutes ces dispositions, aussi bien que celles qui concernent les administrateurs que celles qui sont relatives aux assemblées générales, aux commissaires, au fonds de réserve et aux effets de la perte d'une partie notable du capital social, sont empruntées aux statuts des sociétés anonymes et des sociétés en commandite qui sont le mieux constituées. Elles doivent donc être considérées bien moins comme imposées par l'autorité du législateur que comme l'expression de la volonté probable des parties intéressées.

Les contraventions et les délits, qui sont prévus par les articles 27 et 28, sont précisément ceux que punissent les articles 11, 12 et 13 de la loi du 17 juillet 1856. Les mêmes peines doivent atteindre les mêmes faits, quelles que soient d'ailleurs les associations à l'occasion desquelles ils ont lieu ; spécialement, les administrateurs des sociétés à responsabilité limitée qui, en l'absence d'inventaires ou au moyen d'inventaires frauduleux, distribuent des dividendes non réellement acquis, ne peuvent échapper au châtiment qui, en pareil cas, atteint les gérants des sociétés en commandite par actions.

Si même la loi devait faire une distinction, ce serait contre les premiers qu'elle pourrait s'armer d'une sévérité plus grande.

Le dernier article a pour but de rendre moins dispendieux les procès dans lesquels se trouvent souvent engagés un grand nombre d'associés ayant un intérêt commun.

C'est une faveur qu'il était juste d'accorder aux nouvelles sociétés, puisqu'elle a été déjà accordée aux sociétés en commandite par actions. Le gouvernement ne négligera jamais l'occasion de donner à l'esprit d'association les moyens légitimes de se développer.

La législation anglaise sur les sociétés de commerce a reçu depuis quelques années d'importantes modifications.

Autrefois, la règle générale était que dans toutes les sociétés, même dans celles qui n'avaient point révélé leur existence par des manifestations publiques, chaque associé, lorsque sa qualité était constatée, était tenu sur tous ses biens de la totalité des dettes sociales.

Aujourd'hui, par une transition un peu brusque, dans le plus grand nombre des associations, moyennant l'accomplissement de certaines formalités et en se soumettant à des conditions déterminées, chaque associé n'est tenu que jusqu'à concurrence de sa mise.

Pour arriver à cette situation, il y a nécessité de faire enregistrer l'acte de société dans un bureau spécial, mais aucune autorisation n'est exigée.

Ce régime a, avec celui que nous vous proposons d'inaugurer, de nombreuses analogies, et si vous adoptez le projet qui vous est présenté, les deux législations seront semblables, autant que le permettent les différences qui existent entre les institutions, les mœurs, le caractère national et les conditions économiques des deux pays.

D'ailleurs, vous le savez, un traité récent entre la France et l'Angleterre (1) « accorde à toutes les compa-
» gnies et autres associations commerciales ou finan-
» cières constituées ou autorisées suivant les lois parti-
» culières à l'un des deux pays, la faculté d'exercer tous
» les droits et d'ester en justice devant les tribunaux,
» soit pour intenter une action, soit pour y défendre,
» dans toute l'étendue des Etats et possessions de l'au-
» tre puissance, sans autre condition que de se confor-
» mer aux lois desdits Etats et possessions. »

L'effet de cette convention sera de permettre aux so-

---

(1) Il porte la date du 15 mai 1862.

ciétés anglaises, à responsabilité limitée, d'avoir en France une existence légale, d'y faire toutes les opérations, en vue desquelles elles auront été établies, d'y jouir de tous les avantages qui résultent de l'organisation spéciale, dont nous avons essayé d'indiquer le mécanisme.

Cette circonstance nous semble donner au projet un caractère d'opportunité manifeste. Les commerçants, les industriels français n'ont-ils pas le droit de demander que notre législation leur assure, pour se procurer des capitaux au moyen des associations, toutes les ressources, toutes les facilités dont jouissent leurs puissants et habiles voisins? Ne sont-ils pas aussi autorisés à repousser les objections qu'on pourrait opposer à l'établissement en France des sociétés nouvelles, en citant les bons résultats qu'elles ont déjà produits en Angleterre, et en faisant remarquer qu'il serait aussi injuste qu'inconséquent de permettre aux sociétés à responsabilité limitée d'origine britannique, de fonctionner en France et de proscrire celles qui seraient nées sur le territoire national?

La loi qui est soumise à vos délibérations n'aura point pour effet, dans la pensée du gouvernement, de substituer la forme d'association qu'elle autorise aux autres espèces de sociétés aujourd'hui existantes. Celles-ci ont aussi leurs avantages; les garanties qu'offrent, dans les sociétés en nom collectif, la responsabilité de tous les associés, dans les sociétés en commandite, la présence du gérant, dans les sociétés anonymes, l'approbation du gouvernement pourront, en beaucoup d'occasions, leur faire accorder la préférence. La société nouvelle viendra prendre sa place à côté des autres, elle ne doit pas avoir plus de prétention. Mais elle sera certainement un moyen de plus, et un moyen efficace, pour donner à l'esprit d'association de la puissance et de l'activité; à l'industrie et au commerce de la force et de la confiance.

Nous espérons que vous partagerez notre conviction et que vous adopterez le projet qui vous est présenté par le gouvernement comme réalisant une amélioration incontestable dans une partie importante de la législation commerciale.

RAPPORT

FAIT

Au nom de la Commission chargée d'examiner le projet de loi concernant les sociétés à responsabilité limitée.

PAR M. DU MIRAL,

Député au Corps Législatif.

Messieurs,

Le projet de loi sur les sociétés à responsabilité limitée dont, depuis la session dernière, vous nous avez confié le difficile examen, a, vous le savez, pour objet la création d'une forme nouvelle d'association de capitaux, pour but le développement de la production et de la richesse de la France. Il a donné lieu, dès son apparition, à des appréciations diverses, à des critiques contradictoires ; on l'a attaqué d'un côté comme une dérogation irréfléchie à un des principes fondamentaux de notre droit, la responsabilité indéfinie qui garantit l'exécution des engagements; comme une innovation inutile et dangereuse. On lui a reproché, en sens contraire, un excès de sévérité et un abus de réglementation de nature à rendre son application impossible.

Placés en face d'opinions aussi divergentes, nous

avons, au début de nos travaux, exprimé le désir que les tribunaux et les chambres de commerce fussent consultés; leurs avis, favorables en général au principe du projet de loi, nous ont été, pour son étude, d'un utile secours.

La rédaction définitive que nous vous présentons aujourd'hui, d'accord avec le Conseil d'Etat, après de longues discussions, a été, dans une notable partie, empruntée au contre-projet élaboré par votre Commission; elle est, dans son ensemble, comme vous le pressentez, le résultat de concessions réciproques que la nature du sujet rendait, pour ainsi dire, inévitables.

Le caractère distinctif de la société à responsabilité limitée, que nous vous proposons d'établir, est facile à déterminer.

C'est, dans la réalité, une société anonyme dispensée de l'autorisation du gouvernement et dans laquelle les garanties inhérentes à cette autorisation sont remplacées par une réunion de règles destinées à protéger les actionnaires et les tiers. Les associés peuvent donc administrer sans être obligés indéfiniment, comme dans la société en nom collectif, sans avoir à redouter, comme dans la société en commandite, les dangers de l'immixtion; cette forme nouvelle leur offre tous les motifs de sécurité qu'ils pourraient rencontrer dans une société anonyme proprement dite, en même temps qu'elle leur évite les lenteurs ou les difficultés de l'autorisation gouvernementale. A ce premier point de vue, il est évident que cette innovation doit être accueillie avec faveur et qu'elle peut efficacement contribuer au résultat qu'on en espère.

Est-il vrai qu'elle mérite en sens contraire les reproches qui lui ont été adressés.

C'est sans doute une règle sage de notre droit que celle en vertu de laquelle tous les biens de celui qui s'oblige répondent de l'exécution de son engagement; mais c'est aussi un principe non moins certain de notre législation que les conventions sont la loi des parties. Or, le tiers qui contracte avec une société à responsabilité limitée est averti que l'engagement pris envers lui ne peut être exécuté que sur le capital social. Ce ne sera point là, du reste, une nouveauté dans nos Codes. Il en est de même en ce qui concerne les commanditaires dans les sociétés en commandite et tous les associés dans les sociétés anonymes; les principes du droit ne sont donc aucunement compromis par l'adoption du projet.

On objecte vainement que, dans la société en commandite, le gérant est tenu sur tous ses biens; cette obligation indéfinie du gérant ne fait pas disparaître le caractère limité de l'obligation des commanditaires. Il n'y a, du reste, dans la société anonyme, aucun membre qui soit tenu indéfiniment, et on ne saurait dire que l'engagement indéfini des sociétaires y soit remplacé par l'autorisation du gouvernement; car cette garantie, purement morale, est d'un ordre tout différent.

Comment, d'ailleurs, ne pas admettre comme équivalentes au décret d'autorisation de la société anonyme proprement dite les règles établies par la loi elle-même pour la société dont nous nous occupons ?

Ce qu'il importe vraiment de rechercher, c'est si cette nouvelle forme de société, en principe et sauf examen détaillé des diverses dispositions du projet, est dangereuse ou inutile.

Les adversaires du principe du projet lui trouvent un double danger.

Ils supposent d'abord qu'il sera pour les spéculateurs téméraires un moyen facile de se lancer dans des opérations aventureuses et de tenter, avec la certitude de ne pas excéder une perte minime, la chance de bénéfices considérables au détriment de la morale, de la fortune publique et de ceux avec lesquels ils traiteront; mais ils oublient que les tiers seront avertis de la nature, de la portée de l'engagement qui sera contracté envers eux; qu'ils connaîtront la quotité du capital qui seul leur servira de garantie; que les moyens de publicité les plus efficaces seront employés pour les protéger. La limitation de la responsabilité existe aussi dans les sociétés anonymes autorisées et ne rend pas ces sociétés plus téméraires; cette limitation ne fait pas disparaître l'intérêt qu'ont les sociétaires à conserver leur capital; il est rare qu'on puisse trouver un moyen de gagner beaucoup en risquant peu; le résultat qu'on redoute ne pourrait s'obtenir qu'à l'aide de moyens frauduleux, dont l'emploi sera sévèrement puni; la responsabilité indéfinie des gérants est loin, d'ailleurs, de l'avoir toujours prévenu dans les sociétés en commandite.

Ils se préoccupent ensuite de la concurrence que les sociétés nouvelles vont faire aux commerçants qui agissent individuellement avec leurs propres capitaux, ou aux sociétés en nom collectif, et prévoient une perturbation commerciale comme conséquence probable de leur développement trop rapide.

Cette seconde appréhension ne nous semble pas mieux fondée que la première.

Les commerçants, dont le crédit entier, dont la fortune entière sont engagés, qui se consacrent exclusivement à une affaire, conserveront habituellement la supériorité et l'avantage dans la lutte qu'ils auraient à soutenir contre des administrateurs n'ayant qu'un intérêt partiel dans l'affaire qu'ils administrent. Les obligations de publicité, de responsabilité imposées aux sociétés nouvelles, si elles n'empêchent pas leur formation, comme le supposent ceux qui attaquent le projet dans un sens contraire, s'opposeront au moins à leur développement trop rapide.

On ne saurait prévoir raisonnablement une concurrence perturbatrice, c'est-à-dire préjudiciable pour ceux contre qui elle serait dirigée, sans profit pour ceux qui la créeraient, sans avantage pour le public. Quant à la concurrence loyale et sérieuse qui pourrait se produire, nous n'avons pas à vous apprendre qu'elle est le meilleur stimulant de la production, la plus sûre garantie des consommateurs : nous devons en souhaiter le développement plutôt que le craindre.

Ce ne serait pas assez, cependant, pour le projet que de ne pas être dangereux, il faut encore que son utilité, que son opportunité soit réelle et qu'il constitue par rapport à la législation existante un véritable progrès et un complément désirables.

Il est sans doute des cas nombreux où la société en nom collectif, la société en commandite ordinaire, la société anonyme autorisée et même la société en commandite par actions pourront être préférables à la société à responsabiltité limiée. Mais il y en a beaucoup d'autres où celle-ci obtiendra la préférence.

Ce n'est, sauf les exceptions, qu'avec l'anonymat et la commandite par actions qu'elle peut être utilement comparée.

On ne saurait nier, tout en rendant hommage à l'activité, aux lumières, et à la haute impartialité avec lesquelles sont instruites par le conseil d'Etat les demandes en autorisation de sociétés anonymes, que cette nécessité d'autorisation et le pouvoir d'annulation qui en est la conséquence, ne soient une gêne considérable, une exception au grand principe de la liberté et de l'irrévocabilité des conventions ; il est, du reste, des cas où une affaire importante ne peut s'engager qu'à la condition d'une conclusion immédiate.

Quant à la société en commandite par actions, la difficulté d'y concilier le pouvoir du gérant avec la légitime surveillance des commanditaires, l'impossibilité pour ces derniers de participer efficacement à l'administration de l'affaire, même depuis le remaniement des articles 27 et 28 du Code de commerce que nous venons de voter ne permettent pas qu'elle offre habituellement les facilités et les avantages de la société à responsabilité limitée.

Le nombre des gérants honnêtes et capables est loin de s'être accru en proportion de la progression de la richesse mobilière.

Ce système, qui avait été rationnel à une époque où la commandite n'était que l'accessoire et pour ainsi dire l'appoint de la fortune et de la capacité personnelle du commandité, où le capital des sociétés commerciales n'atteignait jamais des proportions très-élevées, et où le crédit personnel du gérant dominait le capital social, est devenu progressivement moins logique, moins praticable depuis que le chiffre du capital s'est élevé à des quotités qu'on ne supposait même pas autrefois, et que son importance a amoindri ou pour mieux dire absorbé la personnalité du gérant.

Il faut, du reste, reconnaître que les abus pratiqués au préjudice des actionnaires et l'impossibilité pour eux de surveiller efficacement leurs intérêts ont commencé à détourner les capitaux de ce genre de placement ; rien ne peut les y ramener davantage que la possibilité pour les intéressés de participer à l'administration des sociétés sans encourir les responsabilités indéfinies qui atteignent les gérants ; cette possibilité empêcherait aussi beaucoup de ceux qui s'enrichissent dans l'industrie ou le commerce de quitter complétement, comme ils le font trop souvent aujourd'hui, la carrière à laquelle ils doivent leur fortune, dont ils possèdent l'expérience et la tradition pour ne pas rester exposés aux périls d'une responsabilité sans limite.

Il est d'autres considérations plus décisives encore qui se réunissent pour démontrer l'opportunité du projet.

Deux grands motifs exigent que nous ne négligions rien de ce qui est possible pour le développement de notre activité commerciale et industrielle :

Le traité de commerce récemment fait avec l'Angleterre et la nécessité de lutter avec elle à armes égales ;

L'impulsion bienfaisante donnée sur tous les points du territoire à la création des moyens de transport et la nécessité de grandir parallèlement notre production et nos échanges pour utiliser sans retard le capital consacré à ces vivifiantes créations.

Or, l'Angleterre est déjà en possession de la forme de société nouvelle dont il s'agit de doter la France ; elle en obtient, nous en sommes assurés, les meilleurs résultats, et aux termes d'une clause particulière du traité, elle est autorisée à faire fonctionner chez nous à son profit ces sociétés dont elle nous a donné la première l'utile exemple, quoique nous lui en eussions fourni par la commandite et l'anonymat la première idée.

Il existe un troisième motif non moins considérable, quoique d'un ordre différent que nous ne pouvons passer sous silence.

L'Empereur, dans sa haute sagesse et dans sa féconde initiative, a noblement proclamé la doctrine de la liberté économique et commerciale ; il a provoqué la spontanéité des citoyens à s'affranchir progressivement de la tutelle de l'Etat ; il a signalé cette base de la liberté civile comme la meilleure et la plus solide sur laquelle pussent s'établir les asssises de notre liberté politique.

Le projet qui vous est soumis est dans son principe un hommage rendu à cette grande pensée, il en est une des premières réalisations ; le Corps législatif ne peut que l'approuver et y applaudir ; votre commission, à l'unanimité, lui a donné son adhésion.

Nous croyons avoir suffisamment repoussé les objections dirigées contre l'idée mère du projet ; nous allons maintenant l'examiner dans ses détails ; cet examen nous fournira l'occasion de répondre aux attaques dont il a été l'objet au point de vue de la liberté.

Le projet définitif se compose de trente-deux articles.

Les dix premiers règlent ce qui est relatif à la constitution et à la publicité.

L'administration et le fonctionnement sont régis par les articles 11, 12 et suivants, jusqu'au 22 inclusivement.

Les dix derniers déterminent les prohibitions, les nullités, les responsabilités de diverses natures.

§ Ier.

ARTICLE 1er.

La commission avait proposé de substituer au titre de sociétés à responsabilité limitée celui de sociétés *anonymes libres;* elle y voyait l'avantage de préciser d'une manière plus claire, plus exacte le véritable caractère de la société nouvelle; le conseil d'Etat ne s'est pas rendu sur ce point à nos observations; mais ce dissentiment sur la dénomination, que nous persistons à regretter, n'en implique néanmoins aucun sur le fond des choses.

La commission avait aussi dans son contre-projet manifesté l'intention d'appliquer la forme nouvelle aux sociétés civiles comme aux sociétés commerciales, dans le but de déterminer plus clairement, sinon d'élargir le cercle de la loi et de faire cesser les hésitations ou les divergences qui se sont produites dans la jurisprudence, sur le point de savoir si des sociétés civiles peuvent prendre la forme anonyme.

Le conseil d'Etat a retranché du contre-projet le mot civiles, pour qu'il demeurât bien entendu que la loi ne peut s'appliquer qu'aux sociétés commerciales.

Cette rédaction n'a du reste aucunement l'intention de combattre la jurisprudence par suite de laquelle il a été décidé que des sociétés dont l'objet était primitivement civil avaient pu prendre le caractère commercial et se soumettre valablement à la forme anonyme, par suite des agissements vraiment commerciaux auxquels elles se livraient.

Votre commission exprime à cette occasion le vœu que la législation sur les sociétés civiles soit l'objet d'une révision prochaine qui fasse disparaître les inconvénients et les incertitudes auxquels le contre projet avait eu l'intention de remédier en partie.

Un dissentiment d'une moindre importance s'était produit entre le conseil d'Etat et la commission, au sujet de la nécessité de l'acte authentique ; elle a été maintenue.

Art. 2.

Nous avons réduit à sept le nombre de dix membres qui, d'après le projet primitif, était nécessaire pour la constitution de la société.

Ce nombre de sept, qui est celui de la législation anglaise, paraissait encore trop élevé à quelques-uns de vos commissaires; il a semblé nécessaire à la majorité pour permettre la possibilité de l'organisation du conseil d'administration et des commissaires chargés de la surveillance; elle a pensé, d'ailleurs, que les formes actuelles étaient suffisantes pour des sociétés plus restreintes.

Art. 3.

Le projet primitif posait au capital des sociétés nouvelles une double limite, et voulait qu'il ne pût être inférieur à 200,000 fr. ou supérieur à 10,000,000 de fr. Votre commission avait proposé la suppression pure et simple de cette disposition ; notre contre-projet laissait donc pour la fixation du capital l'entière liberté qui existe déjà pour les sociétés en commandite.

Le projet définitif supprime la limite inférieure et

porte à 20,000,000, au lieu de 10,000,000, la limitation par en haut.

Il est rare qu'au-dessus de ce chiffre de vingt millions on n'ait pas recours à l'anonymat auterisé ; il ne s'est formé, dans les cinq dernières années, que deux sociétés en commandite, par actions, à un capital supérieur.

Le champ laissé à la nouvelle société, *à son début*, demeure assez vaste pour que votre commission ait dû se résigner à donner son adhésion à cette nouvelle disposition.

Tous les autres paragraphes de l'article 3 sont relatifs à la quotité des actions, à la possibilité de les négocier, aux obligations des souscripteurs originaires.

Ces dispositions sont littéralement empruntées à la loi de 1856 sur les sociétés en commandite par actions.

Elles constituent des moyens efficaces de combattre le jeu, la fraude et d'assurer la réalité du capital, qui est, dans les sociétés nouvelles, d'une importance fondamentale ; elles ont, du reste, reçu l'approbation de la presque unanimité des Tribunaux et Chambres de commerce consultés.

Art. 4.

Cet article est encore emprunté, pour la presque totalité, à la loi de 1856 ; il s'occupe spécialement de la souscription et du versement du capital.

Le dernier paragraphe prescrit la vérification par le première assemblée générale de la réalité des souscriptions et des versements ; c'est une précaution de plus due à l'initiative de vos commissaires.

Art. 5.

Il règle ce qui est relatif aux apports et aux stipulations d'avantages particuliers ; c'est aussi une reproduction presque littérale des dispositions de la loi de

1856, sauf le dernier paragraphe que vos commissaires ont fait ajouter, pour qu'il fût bien entendu que l'approbation donnée par les actionnaires ne ferait pas obstacle à leurs légitimes réclamations, lorsqu'elles auront pour base le dol ou la fraude des fondateurs.

Notre honorable collègue M. Calley-Saint-Paul avait proposé sur cet article un amendement dont le but était de faire évaluer judiciairement les apports au moyen d'une expertise et avec le concours du Tribunal de commerce.

Ce moyen, qui avait été déjà proposé et repoussé lors de la discussion de la loi de 1856, nous a semblé avoir plus d'inconvénients que d'avantages ; il fait sortir les juges consulaires de la sphère qui leur est propre pour leur attribuer une responsabilité des plus délicates et éminemmént dangereuse pour les tiers, dans le cas où leur religion aurait été surprise ; il constitue une dérogation à cette règle élémentaire que les intéressés sont et doivent être les meilleurs juges de leurs intérêts ; enfin, il crée une barrière infranchissable contre les recherches ultérieures et met les entraînements si dangereux du moment à l'abri des investigations ou des révélations de l'avenir.

Art. 6.

Son objet est la nomination des administrateurs et des commissaires.

Nous signalerons plus tard l'utilité de l'institution des commiseaires. Quant aux administrateurs, il est évident qu'ils sont la personnification de la société à responsabilité limitée comme de la société anonyme ; qu'elle ne peut exister sans eux et qu'elle n'est constituée qu'à partir de leur acceptation.

Les dispositions de cet article sont assez claires pour ne pas avoir besoin d'autres explications.

Art. 7.

Si l'ensemble des administrateurs doit, aux termes de cet article, être propriétaire d'un vingtième du capital social, chacun d'eux est tenu d'avoir dans ce vingtième une part égale.

C'est une précaution de bonne administration qui, renfermée dans cette limite, ne peut pas créer de difficulté sérieuse pour le choix des administrateurs et ne saurait produire que des avantages.

Cette disposition donne satisfaction au vœu manifesté par le Tribunal de commerce de la Seine, dont l'honorable président, M. Denières, avait signalé le premier, dans un discours remarquable, l'utilité du projet.

Art. 8, 9 et 10.

Les articles 8, 9 et 10 déterminent d'une manière nouvelle et satisfaisante les conditions de publicité pour la constitution de la société et pour ses actes les plus importants.

Le greffe du Tribunal de commerce devient un lieu de dépôt sûr, commode et complet, où tout intéressé pourra constamment se procurer les documents propres à le renseigner sur la situation des sociétés à responsabilité limitée.

§ II.

Art. 11.

L'article 11 impose avec raison aux sociétés nouvelles l'obligation de révéler dans tous leurs actes, dans toutes leurs manifestations extérieures, leur véritable caractère.

Le véritable sens des mots : « Responsabilité limitée » ne tardera pas à être connu de tous ceux qui se livrent à des opérations commerciales ; la prescription du présent article constitue donc un utile avertissement.

Art. 12, 13, 14.

Les articles 12, 13 et 14 règlent avec clarté ce qui est relatif à la tenue des assemblées générales.

Ils distinguent avec raison les assemblées dans lesquelles, à cause de l'importance de l'objet, la moitié du capital au moins doit être représentée, de celles auxquelles tous les actionnaires sont nécessairement admis avec voix délibérative.

Cette dernière disposition a un caractère libéral et moral qui ne vous échappera pas.

La prescription relative à la feuille de présence des actionnaires qui prennent part aux délibérations, au dépôt et à la communication de cette feuille, est une sage précaution contre les fraudes dont la tenue de ces assemblées n'est que trop fréquemment l'occasion.

Art. 15 et 16.

Les articles 15 et 16 déterminent l'institution, les devoirs et les droits des commissaires dont il a été déjà question à l'occasion de l'article 6.

Leur mission principale est de vérifier l'exactitude du bilan et des comptes qui chaque année doivent être présentés par les administrateurs et de faire un rapport qui constate cette vérification ; ils exercent aussi un contrôle permanent sur la situation de la société et sur les actes des administrateurs.

Cette institution a la plus grande analogie avec celle des *inspecteurs* qui, dans les sociétés anglaises, sont établis par les articles 48, 49, 50, 51 et 52 de l'*acte* du 14 juillet 1856.

Quoiqu'elle ait été très-généralement approuvée, quelques tribunaux ou chambres de commerce y ont vu le germe probable d'un antagonisme fâcheux entre les administrateurs et les commissaires, une atteinte au principe de l'unité de direction indispensable, à leurs yeux, pour la bonne *marche des affaires*. Nous n'avons pas partagé ces appréhensions.

La sphère d'action des administrateurs et des commissaires est distincte : les premiers agissent; les seconds se bornent à contrôler et n'ont pas même le droit de *veto* sur les actes des premiers ; il est vrai que les commissaires peuvent convoquer l'assemblée générale, mais ce n'est pas là un acte d'administration proprement dit, et il est difficile d'admettre qu'ils en fassent usage en dehors des cas exceptionnels où il sera impérieusement commandé par l'intérêt social. L'unité de direction n'est donc pas compromise par cette création.

Elle pourra sans doute parfois causer une gêne et un ennui aux administrateurs ; mais ce n'est là qu'un inconvénient secondaire, et il est impossible de ne pas reconnaîre qu'elle constitue pour les actionnaires non administrateurs et pour les tiers une garantie efficace et presque nécessaire.

Art. 17 et 18.

Ces articles 17 et 18 imposent aux administrateurs l'obligation de dresser, chaque trimestre, un état resumant la situation active et passive de la société. Cette sage prescription, utile pour les administrateurs eux-mêmes, facilitera singulièrement le contrôle des commissaires.

Ils règlent ensuite un des objets les plus importants : la rédaction de l'inventaire annuel, son dépôt au greffe, sa communication par divers moyens aux intéressés dans un délai qui en permette l'utile examen.

Art. 19.

Il prescrit un prélèvement annuel d'un vingtième sur

les bénéfices pour la formation d'un fonds de réserve, mais ce prélèvement cesse d'être obligatoire lorsque le fonds de réserve a atteint le dixième du capital social.

Ce prélèvement, renfermé dans une raisonnable mesure, a l'avantage d'établir une compensation pour les actionnaires, pour les tiers et même pour la fortune publique, d'un intérêt supérieur.

ART. 20.

Il oblige les administrateurs, en cas de perte des trois quarts du capital social, à soumettre à l'assemblée générale la question de la dissolution de la société et à rendre publique la résolution prise à cet égard.

On rencontre une disposition analogue dans l'article 67 de la loi anglaise.

Nous avons rendu facultative la prescription obligatoire qui existait à cet égard dans le projet primitif, parce qu'il y a certaines affaires qui peuvent encore fonctionner avec un capital réduit, et qu'il serait trop rigoureux d'anéantir au moment où elles semblent devoir réparer leurs pertes ; mais, dans le plus grand nombre des situations, il sera sage de s'arrêter et il y aura toujours avantage à ce que le public soit averti.

ART. 21.

Il est la sanction nécessaire de la limitation du nombre fixé par l'article 2.

ART. 22.

Il donne aux actionnaires qui ont à former des réclamations contre les administrateurs, des facilités analogues à celles qui ont trouvé place dans l'article 14 de la loi de 1856 ; il ne saurait s'élever sur ce point aucune difficulté.

§ III.

Art. 23.

Il interdit aux administrateurs de prendre ou de conserver un intérêt direct ou indirect, dans une opération quelconque faite avec la société ou pour son compte; à moins *qu'ils ne soient autorisés par l'assemblée générale pour certaines opérations spécialement déterminées.*

Ce tempérament introduit par votre commission fait disparaître les inconvénients qui avaient été signalés par divers tribunaux de commerce, notamment par celui de la Seine, en ce qui concerne cette disposition du projet.

Ainsi modifiée, elle constitue une innovation des plus morales et des plus heureuses, qui sera certainement étendue aux statuts des Sociétés anonymes autorisées.

Art. 24.

Il prononce la nullité des sociétés qui n'ont pas été constituées et des actes ou délibérations qui n'ont pas été déposés ou publiés, conformément aux articles 1, 2, 3, 4, 5, 6, 7, 8 et 9.

Cette nullité est la sanction nécessaire des articles que nous venons d'énumérer.

Cet article n'est guère que la reproduction de l'article 6 de la loi de 1856 dans une partie où elle n'a jamais été critiquée.

Art. 25.

Il détermine les responsabilités encourues par les administrateurs ou les fondateurs, lorsque la nullité de la société, des actes ou délibérations, a été prononcée.

La rédaction primitive de cet article a été modifiée

sur notre proposition de manière à limiter la responsabilité à ceux auxquels elle est réellement imputable.

Notre honorable collègue, M. Calley Saint-Paul, avait présenté sur les articles du projet primitif que cet article 25 remplace un emendement qui avait pour but de permettre aux administrateurs de s'exonérer, sous de certaines conditions, des responsabilités qui leur sont imposées pour l'accomplissement des diverses prescriptions dont l'exécution leur est confiée ; il était ainsi conçu :

« Les administrateurs sont toujours libres de se li-
» bérer de la responsabilité que font peser sur eux les
» art. 11 et 12 (projet primitif).

» A cet effet, aussitôt l'accomplissement des formali-
» tés et stipulations prévues par les art. 3, 4, 5, 6, 7 et
» 8 (projet primitif), ils devront rendre en assemblée
» générale un compte justificatif de cette partie spéciale
» de leur mandat.

» Le compte rendu par eux sera préalablement sou-
» mis aux commissaires nommés aux termes de l'art. 8;
» ces commissaires feront de leur examen un rapport,
» et ce rapport lu à l'assemblée générale, elle donnera
» ou refusera son approbation ; si le vote est favorable,
» il sera soumis à l'homologation du tribunal de com-
» merce, le jugement d'homologation libérera complé-
» tement les administrateurs des responsabilités pré-
» vues dans les art. 11 et 12. »

Nous ne l'avons pas adopté, parce que nous n'avons pas trouvé la garantie de cette vérification équivalente à celle de la nullité inscrite dans la loi, parce que cette nullité n'a pas été seulement introduite dans l'intérêt des actionnaires, mais principalement dans l'intérêt des tiers qui ne seraient pas représentés dans la délibération, parce que l'intervention du Tribunal de commerce en l'absence d'une contradiction suffisante ne pourrait être qu'un simple enregistrement, et enfin, parce que l'accomplissement des formalités prescrites est assez simple, assez facile pour qu'avec un peu d'attention les administrateurs soient entièrement sûrs de ne s'exposer à aucun danger.

ART. 26.

Aux termes de cet article, l'étendue et les effets de la responsabilité des commissaires envers la société sont déterminés d'après les règles générales du mandat.

Cet article n'était susceptible d'aucune critique ; il ne peut donner lieu à aucune observrtion.

ART. 27.

Il se compose de deux paragraphes.

Le premier se borne à énoncer que les administrateurs sont responsables, conformément au droit commun, des infractions aux dispositions de la loi et des fautes commises dans leur gestion.

Il n'a donné lieu dans le sein de votre commission à aucune discussion.

Il n'en est pas de même du second paragraphe.

Celui-ci s'applique à la faute spéciale qui est commise par les administrateurs, lorsqu'ils distribuent des dividendes qui ne sont pas réellement acquis.

Cette faute, dans le projet primitif, était prévue par l'article 25 dans les termes suivants :

« Les administrateurs qui distribuent ou laissent dis-
» tribuer sans opposition des dividendes qui ne sont pas
» réellement acquis sont tenus solidairement *d'en réta-
» blir le montant dans la caisse de la société*, sans préjudice
» des plus amples dommages et intérêts, s'il y a lieu,
» envers les tiers ou les associés. »

Nous avions, dans notre contre-projet, purement et simplement supprimé cet article 25.

Nous considérions, d'un côté, que le droit commun suffisait pour atteindre la faute particulière dont il s'agit, et nous appréhendions que l'énonciation spéciale de cette responsabilité ne fût de nature, en maintenant les inquiétudes créées par la loi de 1856, à éloigner des actionnaires honorables du rôle d'administrateurs dans les sociétés nouvelles.

Nous pensions, d'un autre côté, que l'obligation de réintégration dans la caisse sociale des dividendes versés pourrait parfois constituer, sans intérêt aucun, un irréparable préjudice pour les administrateurs et créer un injuste avantage pour des actionnaires qui auraient souvent provoqué ou au moins approuvé la distribution et en auraient toujours profité.

Le conseil d'État a donné satisfaction à cette dernière partie de nos observations par la rédaction contenue au projet définitif, à laquelle nous avons fini par adhérer; cette rédaction est ainsi conçue :

« Ils (les administrateurs) sont tenus solidairement
» du préjudice qu'ils peuvent avoir causé soit aux tiers,
» soit aux associés, en distribuant ou en laissant distri-
» buer sans opposition des dividendes qui, d'après l'état
» de la Société constaté par les inventaires, n'étaient pas
» réellement acquis. »

Il importe de bien en préciser le sens avant d'indiquer les motifs qui nous ont déterminés à l'adopter.

Il est d'abord bien évident, à la simple lecture du paragraphe, qu'il n'exige pas, pour que la responsabilité qu'il édicte soit encourue, que la distribution des dividendes non réellement acquis ait eu lieu frauduleusement dans un but mauvais ou tout au moins en connaissance de cause. Le mot *sciemment* n'y est pas écrit.

Une faute grave, certaine, suffirait donc pour l'application de la disposition, même alors que la bonne foi du distributeur serait présumable ou constante.

Mais que faut-il entendre par ces expression *qui d'après l'état de la Société constaté par les inventaires n'étaient pas réellement acquis?*

La disposition ne sera-t-elle applicable que lorsque la distribution aura été faite en contribution de l'inventaire qui aura été dressé, même alors que l'inventaire serait inexact, et suffira-t-il qu'un inventaire défectueux semble autoriser la distribution pour qu'elle ne donne lieu à aucune responsabilité ? Ce serait une erreur de le penser. La distribution sera recherchable, ou qu'elle soit faite contrairement à un inventaire régulier, ou qu'elle ait eu pour motif qu'un inventaire défectueux qui ne constatait pas le véritable état de la Société, ainsi qu'aurait dû le faire un inventaire exact et sincère. Dans ce dernier cas, la faute de la distribution procède de celle qui a donné naissauce à la confection vicieuse de l'inventaire; elles se confondent l'une et l'autre ; il faut donc entendre le mot inventaire employé dans le paragraphe comme emportant avec lui l'idée de l'exactitude et de la régularité.

Il ne nous reste plus qu'à déterminer la signification de ces expressions *réellement acquis.*

On a voulu exprimer ainsi les bénéfices qui ne peuvent plus échapper à la société, qui ne sont plus à l'état de simple éventualité, quelle qu'en soit la vraisemblance, dont aucun coup du sort, exccepté une insolvabilité imprévue, ou une destruction fortuite ne peut plus priver la société. Sans doute, il ne sera pas toujours nécessaire que le bénéfice ait été encaissé; il pourra résulter d'une valeur, d'une traite, même d'une simple créance, pourvu qu'elle soit réputée bonne, non susceptible de discussion et de nature, suivant les usages du commerce, à figurer à l'actif. Le bon sens et la pratique commerciale seront, sur ce point, le meilleur commentaire de la loi. Quel est, pour ne prendre qu'un exemple, le commerçant, l'industriel, qui ne sache pas distinguer une opération conclue et liquidée de celle qui n'est qu'en cours d'exécution?

Indiquons maintenant les motifs qui nous ont décidés à consentir au maintien de la disposition aussi précisée.

Le principal, c'est qu'elle n'est dans la réalité qu'une répétition, une reproduction *explicite* pour cette faute spéciale de la disposition générale du paragraphe premier du même article qui déclare le droit commun applicable aux fautes commises par les administrateurs de la nouvelle société.

Or, n'est-ce pas une faute évidente, palpable, préjudiciable au plus haut degré aux tiers qui contractent avec la société, à ceux qui en achètent ou en conservent les titres, que celle qui consiste à les tromper sur sa véritable situation ?

Le dissentiment entre nous et le conseil d'État ne pouvait donc porter que sur la forme et non sur le fond, sur lequel nous étions nécessairement d'accord.

Il s'agissait uniquement entre nous de savoir s'il valait mieux rappeler, par une énonciation explicite, cette portée incontestable du droit commun en matière de mandat, ou ne pas le faire.

Nous serions peut-être restés fidèles à ce dernier parti que nous avions adopté d'abord, si le projet primitif n'avait pas eu à cet égard une disposition formelle, et si son retranchement n'eût pas été de nature à faire penser qu'on abandonnait sur ce point la voie dans laquelle était entré le législateur de 1856.

Cette dernière considération a été pour nous décisive. La suppression pure et simple de la disposition du projet primitif aurait laissé subsister une équivoque; or, il faut avant tout qu'une loi soit sincère, précise, qu'elle ne laisse pas par son silence prétexte à la mauvaise foi ou à l'erreur.

Nous avions dû nous demander, il est vrai, si la simple faute en matière de dividende ne pourrait pas être innocentée, et s'il ne conviendrait pas de n'atteindre que les distributions frauduleuses ou celles faites en connaissance de cause. Quelques-uns de nous avaient même fait remarquer, dans le sens de cette dernière opinion, que l'article 10 de la loi du 17 juillet 1856 sur les commandites n'établit la responsabilité des membres des conseils de surveillance que lorsqu'ils ont consenti à la distribution *en connaissance de cause*. Mais la réflexion fait comprendre qu'on ne saurait assimiler à des administrateurs qui dressent eux-mêmes les inventaires, qui doivent en posséder tous les éléments, de simples surveillants étrangers à l'administration et réduits à voir ce qu'on leur montre.

L'idée de supprimer la responsabilité des administrateurs pour cette faute particulière, pour cette faute exceptionnellement grave et dangereuse de la distribution des dividendes (même en dehors des cas de fraude), n'a pas semblé à la majorité de votre commission résister à un examen attentif. Il faudrait évidemment, si elle était admise, l'étendre à toutes les autres fautes. Comment, d'ailleurs, justifier cette dissemblance avec la société anonyme autorisée, et cette dérogation aux règles les plus générales et les plus salutaires du droit civil et commercial ?

Ne comprend-t-on pas que, sous prétexte de n'atteindre que la fraude, on s'exposerait, dans une foule de cas, à lui ouvrir la porte et à la rendre inattaquable.

Il ne faut pas, du reste, s'exagérer les périls et les inconvénients de la responsabilité des administrateurs.

La perfection absolue n'est pas de ce monde ; les choses humaines s'apprécient toujours humainement.

Il n'arrivera presque jamais, lorsque des administrateurs auront été de bonne foi, qu'ils auront apporté aux affaires de la société un soin ordinaire, qu'ils puissent être recherchés ; la vérification des commissaires, le apport qu'ils auront rédigé, le vote donné par l'assemblée générale, en connaissance de cause, après avoir eu à sa disposition tous les moyens d'information, créeront presque constamment une fin de non-recevoir morale, invincible contre ceux qui voudraient les attaquer; il faudra, d'ailleurs, que ceux qui ne reculeront pas devant cette difficile entreprise commencent par justifier d'un préjudice, et, grâce aux précautions prises par le projet, ce préjudice ne pourra que bien rarement se rencontrer.

Il n'est pas, nous le reconnaissons, impossible que quelques esprits timorés, s'effrayant outre mesure de la possibilité d'une recherche contre laquelle leur bonne foi n'aurait pas suffi pour les prémunir, ne s'abstiennent d'accepter les fonctions d'administrateur.

Ces abstentions seront quelquefois regrettables; mais la suppression de la responsabilité tutélaire et indispensable des administrateurs le serait bien davantage.

Ces abstentions sans motif suffisant deviendront d'ailleurs de plus en plus rares à mesure que la véritable portée de la disposition sera mieux connue. Son inconvénient, s'il existe, sera donc relativement faible; elle aura, dans un sens opposé, l'inappréciable avantage d'augmenter sensiblement dans les conseils d'administration la proportion des gens sérieux qui sont décidés à remplir scrupuleusement leurs devoirs, à faire et à voir par eux-mêmes et à ne pas s'en rapporter aveuglément aux déclarations d'autrui.

Nous avons néanmoins proposé de soumettre à une prescription de cinq ans cette responsabilité spéciale à la distribution de dividendes non réellement acquis.

Nous ne nous dissimulions pas que c'était une exception aux règles ordinaires du droit, mais ce tempérament nous semblait offrir moins de dangers que d'avantages, et nous regrettons que le conseil d'Etat n'y ait pas donné son adhésion.

ART. 28.

Il est la sanction nécessaire et modérée de l'art. 11.

ART. 29.

Il punit d'une amende de 500 à 10,000 francs ceux qui, par des moyens frauduleux, exercent dans l'assemblée générale des actionnaires une majorité factice.

Ces abus sont trop regrettables et ils ont trop d'extension pour qu'il n'ait pas paru sage à votre commission, qui en a pris l'initiative, de les prévenir en les punissant.

ART. 30, 31 et 32.

Ils sont presque littéralement empruntés à la loi de 1856.

L'art. 30 contient la sanction nécessaire des prescriptions relatives à l'émission et à la négociation des actions.

Quant à l'art. 31, il punit des peines de l'art. 405 du Code pénal, c'est-à-dire des peines applicables à l'escroquerie :

1° Les simulations et les publications dolosives de souscriptions et de versements;

2° Les publications mensongères des noms des personnes désignées, contrairement à la vérité, comme étant attachées à la société, dans le but d'obtenir des souscriptions ou des versements.

Ces manœuvres, d'un caractère analogue à celles qui constituent l'escroquerie, quoiqu'elles n'en réunissent pas toujours les éléments essentiels, nous ont semblé mériter une égale répression.

Le paragraphe 3 de cet art. 31 applique les mêmes peines aux répartitions de dividendes non acquis opérées au moyen d'inventaires frauduleux, ou en l'absence d'inventaires.

Des faits de cette gravité, dont l'immoralité ne peut

être un instant douteuse, sont nécessairement inspirés par un mobile de cupidité et ne peuvent avoir d'autre but que de surprendre la bonne foi des tiers. Nous n'avons pas hésité à leur appliquer la même peine.

Le tribunal de commerce de la Seine, dans son avis, et deux de nos honorables collègues, dans leurs amendements, MM. Javal et Calley-Saint-Paul, avaient cependant demandé que ces dispositions pénales fussent retranchées du projet, en se fondant : 1° sur ce que le droit commun les rendait inutiles ; 2° sur ce qu'elles témoignaient d'une défiance injurieuse et injuste envers le commerce français ; 3° sur ce qu'elles étaient de nature à éloigner les hommes honorables des sociétés nouvelles.

Aucun de nous n'a partagé cette appréciation ; nous n'avons pas pensé d'abord qu'aucun homme honnête et résolu à ne pas cesser de l'être, pût concevoir la moindre appréhension de pénalités qui ne pourront jamais l'atteindre tant qu'il ne deviendra pas malhonnête.

Nous n'avons pas admis non plus que le projet fût plus injurieux pour le commerce français que les dispositions qui prévoient la banqueroute simple ou frauduleuse, que le Code militaire ne l'est pour l'armée, que le crime de forfaiture ne l'est pour les fonctionnaires.

Quant à la suffisance du droit commun pour réprimer les abus que nous voulons prévenir, il suffit de parcourir les incriminations diverses du projet pour se convaincre que les dispositions du Code pénal ordinaire seraient, dans les cas les plus nombreux, impuissantes à les suppléer.

Qui ne se rappelle, du reste, la situation antérieure à la loi de 1856 et les nécessités législatives qu'elle a révélées ?

Nous ne disons rien d'autres amendements de l'honorable M. Javal, parce qu'ils ont trouvé dans le projet modifié une satisfaction pareille, mais il en est deux parmi ceux qu'avait présentés M. Calley-Saint-Paul.

Par le premier notre honorable collègue prévoyait et voulait faciliter la transformation des sociétés en commandite en sociétés à responsabilité limitée.

En voici les termes :

« Les sociétés en commandite pourront toujours se » convertir en sociétés à responsabilité limitée ; l'assem» blée générale spécialement convoquée à cet effet par » le gérant et les commissaires de surveillance, délibé» rant à la majorité des trois quarts des voix des mem» bres présents, aura qualité pour autoriser la conver» sion et faire aux statuts de la société les modifications » nécessaires pour les harmoniser avec les prescriptions » de la loi. »

Il est en effet probable qu'un certain nombre de sociétés en commandite voudra adopter la forme nouvelle; mais la loi ne pourrait, sans violer la règle de la nonrétroactivité, porter atteinte à leurs statuts, et y introduire une faculté qui n'aurait pas été prévue ou qui aurait pu être interdite. L'intérêt des actionnaires saura, du reste, trouver, sans le secours de la loi, un moyen de réaliser cette transformation quand ils auront un réel avantage. Nous n'avons pas adopté l'amendement.

Nous ne pouvions pas non plus donner notre adhésion au second amendement que nous a présenté l'honorable M. Calley-Saint-Paul.

Cet amendement, contenu dans un seul article, désirable entre des années inégales, et surtout de maintenir l'intégrité du capital social dont la constituait en quelques lignes un contre-projet complet et impliquait le rejet tout entier du projet de loi.

Il était ainsi conçu :

« L'article 37 du Code de Commerce est remplacé par » la disposition suivante :

» La Société anonyme ne peut exister qu'avec l'auto» risation de l'Empereur et avec son approbation pour

» l'acte qui la constitue; cette approbation sera donnée » sur la proposition de M. le ministre du commerce. »

Notre honorable collègue le motivait sur l'exemple de la Belgique, où il prétend que ce système donne les meilleurs résultats.

Nous ne pensons pas qu'on puisse contester davantage les bons résultats des sociétés anonymes en France, quoique, au lieu d'être autorisées sur la proposition du ministre seulement, l'autorisation leur soit donnée par décret rendu en conseil d'Etat.

Les motifs que nous avons déjà donnés en faveur de l'adoption du projet loi ne nous permettaient pas d'adhérer à cet amendement si, comme nous ne devons pas en douter, il était dans la pensée de son auteur une protestation contre le projet.

S'il n'était, au contraire, qu'une simple modification de l'article 37 du Code de commerce, nous n'avions pas à l'examiner, parce que nous n'étions pas constitutionnellement saisis de la révision de cet article.

Nous voici parvenus au terme de l'examen des détails du projet et des amendements proposés; cet examen, si nous ne nous faisons illusion, vous aura convaincus comme nous que les attaques dont il a été l'objet, sous le prétexte d'un excès de réglementation et de pénalités, ne sont pas mieux fondées que celles qui le désignent comme dangereux pour la morale et pour le crédit; nous avons du reste, comme vous avez pu en juger, donné aux unes et aux autres de nombreuses satisfactions.

Il est vrai que des précautions nombreuses y ont été réunies pour sauvegarder l'intérêt de ceux qui traiteront avec les sociétés nouvelles, pour paralyser les spéculations coupables, pour prévenir de dangereux entraînements, pour empêcher le retour de scandales qui se sont trop fréquemment renouvelés et pour assurer le succès d'une innovation commerciale dont le développement sera d'autant plus rapide qu'il se mêlera moins d'abus et de désastres aux résultats utiles de ses premières applications.

Nous nous faisons honneur de ces précautions au lieu de nous en excuser.

Pour les bien apprécier, il ne faut pas les juger superficiellement, en bloc et d'après leur nombre ; il convient, au contraire, de les examiner individuellement, ainsi que nous venons de le faire, d'en peser tour à tour les inconvenients et les avantages.

Il en est sans doute de moins importantes que d'autres, mais il n'en est aucune d'inutile ou de nuisible, et celles qu'on attaque le plus vivement ou pour mieux dire les seules qu'on attaque, ont, nous croyons l'avoir démontré, un caractère d'indispensable nécessité.

La difficulté du projet était, en partie, nous en convenons, dans une juste pondération de la liberté et de la règle.

Cette pondération a parfois un caractère arbitraire, que nous ne voulons pas dissimuler ; il en est toujours ainsi dans les questions de mesure ou de limite. Les divergences s'expliquent facilement lorsqu'elles portent sur un nombre, sur une quotité, sur une proportion quelconque, comme la part d'intérêt des administrateurs, le prélèvement pour le fonds de réserve, le chiffre des sociétaires et même celui du capital.

Mais les dissentements doivent devenir plus rares quand il s'agit de l'application des principes généraux du droit commun, et il n'y a qu'un malentendu qui puisse les expliquer dans une Chambre française, quand il y a lieu de nous prémunir contre la fraude et l'improbité.

Votre Commission a la conscience de n'avoir rien négligé de ce qui lui a semblé de nature à donner satisfaction aux divers intérêts engagés dans le projet dont vous l'avez saisi. Ses efforts pour l'amélioration du projet primitif, dont le désir s'était manifesté dans vos bureaux sont loin d'être demeurés stériles ; le plus grand nombre de ses propositions a obtenu l'assentiment du conseil d'Etat.

Elle est convaincue que la société à responsabilité limitée, à laquelle vous allez donner place dans nos codes, répond à un véritable besoin ; qu'elle amènera ou conservera dans les opérations commerciales, avec profit pour la richesse publique, sans danger sérieux pour le crédit, des hommes utiles et honnêtes que la crainte de la responsabilité indéfinie qui pèse généralement sur notre commerce aurait écartés de cette voie.

L'avenir montrera, nous le pensons, que la publicité et les règles protectrices, organisées dans le projet, sont habituellement pour les tiers eux-mêmes une garantie, au moins aussi certaine que l'engagement sans limites de commerçants, dont la véritable situation est trop fréquemment un mystère ou un démenti à de trompeuses apparences.

Il n'est pas à souhaiter, et il ne nous semble pas à craindre, que la société à responsabilité limitée envahisse trop promptement le domaine des sociétés anciennes ; il vaut mieux que leur enfantement soit un peu plus lent au début, à condition d'être plus sûr.

Un jour viendra où leur essor sera de plus en plus rapide et où il sera permis de leur assigner un champ plus vaste.

L'expérience qui va se faire, l'exemple d'un pays voisin ne permet à cet égard aucun doute, qui loin d'être à redouter ne peut être que profitable et concluante ; elle sera certainement un des bienfaits du règne glorieux à tant de titres qui a inauguré en France la liberté commerciale.

Nous vous proposons avec confiance l'adoption du projet de loi.

LÉGISLATION AUJOURD'HUI EN VIGUEUR DANS LE ROYAUME-UNI.

(Angleterre, Ecosse, Irlande.)

Ainsi que nous l'avons dit page 32, la législation anglaise sur les Sociétés à responsabilité limitée, comprenant les *Acts* de 1856, 1857 et 1858, avait servi de premier modèle à notre loi du 5 mai 1863; elle n'existait plus quand la Chambre des députés discutait et votait le projet refondu par la commission et le conseil d'Etat, elle avait été remplacée par l'*Act* du 7 août 1862, qui porte le titre de : *An Act for the Incorporation, Regulation, and Winding-up of Trading Companies and other Associations*. Les *Acts* antérieurs formaient un volume de 90 pages in-8°; le nouvel *Act* en fait au moins 200, y compris les annexes. Il réglemente à la fois toutes les Sociétés commerciales. Les modifications de détail apportées aux dispositions primitives et les clauses nouvelles y sont très-multipliées.

Ce qui nous fait croire que la Chambre n'a pas connu l'*Act* du 7 août 1862, c'est que M. Du Miral, rapporteur de la loi, citait encore le 28 avril 1863, dans son rapport, l'article 67 de l'*Act* du 14 juillet 1856, qui porte que « la Cour de Chancellerie peut prescrire la liquida- » tion d'une Société à responsabilité limitée, quand le

» capital social est perdu jusqu'à concurrence des trois » quarts. » L'honorable député jouait de malheur, car, dans l'*Act* du 7 août 1862, l'article 67 était devenu l'article 79 ; l'alinéa cité avait disparu et avait été remplacé par un autre qui « autorisait la Cour à mettre en liqui- » dation toute Société à responsabilité quand elle croi- » rait qu'il y aurait lieu de le faire. » Voici le texte anglais : *Whenever the Court is of opinion that it is just and equitable that the Company should be wound up.*

Parmi les annexes de l'*Act* se trouve un modèle de statuts : *Regulations for management of a Company limited by shares*, qui est la loi commune pour ces Sociétés, s'il n'y a pas été dérogé formellement.

Nous allons en donner la traduction, parce que ce contrat, qui contient de fort bonnes dispositions, se rapproche beaucoup plus de la forme adoptée en France pour de semblables conventions, que les *Acts* anglais ne se rapprochent de nos lois françaises. Il est d'ailleurs très-méthodique et parfaitement intelligible pour toute personne qui connaît notre jurisprudence.

ARTICLES D'ASSOCIATION OU STATUTS

POUR LA RÉGLEMENTATION D'UNE COMPAGNIE PAR ACTIONS, A RESPONSABILITÉ LIMITÉE.

(Modèle, A annexe de la loi ou *act* du 7 août 1862).

ACTIONS.

ART. 1. Si plusieurs personnes sont enregistrées comme copropriétaires d'actions de la compagnie, chacune de ces personnes pourra donner des quittances valables pour tout dividende payable par rapport à ces actions.

2. Tout actionnaire, en payant 1 fr. 25 (un shilling), ou telle somme moindre déterminée par la compagnie, en assemblée générale, aura droit à un certificat revêtu du sceau de la compagnie, spécifiant l'action ou les actions dont il est propriétaire, et le montan des versements effectués sur ces actions.

3. Si ce certificat est usé ou perdu, il peut être renouvelé en payant 1 fr. 25 (un shilling), ou telle somme moindre prescrite par la compagnie, en assemblée générale.

APPELS DE FONDS SUR LES ACTIONS.

4. Les directeurs pourront de temps à autre faire aux actionnaires les appels de fonds qu'ils jugent convenables à l'égard des sommes non payées sur leurs actions, pourvu qu'un avis soit donné pour chaque appel vingt et un jours à l'avance au moins ; et chaque actionnaire sera tenu de payer le montaut des appels qui lui

seront ainsi notifiés, aux temps et lieux fixés par les directeurs.

5. Tout appel de fonds sera dû dès le moment même qu'aura été prise la résolution des directeurs qui l'autorise.

6. Si, avant ou au jour fixé pour le versement, l'actionnaire n'acquitte pas le montant de l'appel de fonds qui lui est fait, dès ce moment il est tenu d'en payer l'intérêt, au taux de 5 p. 100 par an, à partir du jour fixé pour ce paiement jusqu'au jour où il aura lieu.

7. Les directeurs peuvent, s'ils le jugent convenable, recevoir de tout actionnaire le paiement par anticipation de tout ou partie du solde à payer pour libérer leurs actions, au delà des sommes dont il a été fait appel ; pour ces sommes ainsi payées à l'avance, ou pour celles qui de temps à autre excéderont le montant des appels ainsi faits sur les actions à l'égard desquelles ces versements anticipés auront été effectués, la compagnie pourra payer un intérêt aux taux qui sera convenu entre les directeurs et l'actionnaire payant ainsi par anticipation.

TRANSFERT DES ACTIONS.

8. L'acte de transfert de toute action dans la compagnie doit être consenti tant par le cédant que par le cessionnaire ; le cédant sera considéré comme propriétaire de cette action jusqu'au moment où le nom du cessionnaire sera inscrit sur le registre spécial de la compagnie.

9. Les actions de la compagnie doivent être transférées de la manière suivante :

« Je soussigné A. B....., de...., en conséquence du paiement de la somme de..... fait à moi par C. D....., transfère par les présentes audit C. D......, l'action et actions numérotées....., inscrites en mon nom dans les livres de la compagnie de....., au profit dudit

C. D......, ses exécuteurs testamentaires, administrateurs et ayants droit, sous les mêmes conditions que je les tiens moi-même en ce moment ; et moi, le dit C. D......, je consens à prendre cette action (ou ces actions) aux mêmes conditions. En foi de quoi nous avons signé le..... »

10. La compagnie peut refuser d'enregistrer tout transfert d'actions fait par un actionnaire qui est son débiteur.

11. Les registres de transferts seront fermés pendant les quatorze jours qui précéderont immédiatement l'assemblée générale ordinaire de chaque année.

TRANSMISSION DES ACTIONS.

12. Les exécuteurs testamentaires ou administrateurs d'un actionnaire décédé seront les seules personnes reconnues par la compagnie comme ayant droit à ces actions.

13. Toute personne ayant droit à une action, par suite du décès, de la faillite, ou de la déconfiture d'un actionnaire, ou, par suite du mariage d'une femme actionnaire, sera enregistrée comme actionnaire, en produisant telle preuve de ses droits qui pourra de temps à autre être requise par la compagnie.

14. Toute personne ayant droit à une action, par suite du décès, de la faillite, ou de la déconfiture d'un actionnaire, ou, par suite du mariage d'une femme actionnaire, aura faculté, au lieu d'être enregistrée elle-même, de faire choix de telle autre personne que ce soit pour être enregistrée comme possesseur par transfert de cette action.

15. La personne ayant droit à cette action attestera ce choix en faisant au profit de son représentant un acte de transfert de cette action.

16. L'acte de transfert sera présenté à la compagnie accompagné de telle preuve que les directeurs pourront

exiger pour établir le titre du cédant; et sur ce, la compagnie enregistera le cessionnaire comme actionnaire.

DÉCHÉANCE DES ACTIONS.

17. Si quelque actionnaire manque à payer au jour fixé un appel dû sur ses actions, les directeurs pourront, à toute époque après ce jour, pendant tout le temps que le versement dû restera impayé, lui adresser une notification, requérant d'effectuer ce versement, ensemble avec l'intérêt et tous les frais qui l'auront augmenté par suite du non-paiement.

18. L'avertissement indiquera un jour ultérieur, auquel et avant lequel ces versements dûs, et tous les intérêts et frais qui en auront accru le montant, par suite du défaut de paiement, doivent être soldés. Il désignera en outre le lieu où le paiement doit être effectué :—le lieu ainsi désigné sera, soit le siége enregistré de la compagnie, soit tel autre lieu où les versements des appels de fonds de la compagnie sont ordinairement payables. L'avertissement devra aussi notifier qu'en cas de non-paiement, au jour ou avant le jour et au lieu désignés, les actions, au sujet desquelles ces appels de fonds doivent être versés, seront passibles de déchéance.

19. S'il n'est pas satisfait aux réquisitions comprises dans ladite notification, toute action à l'égard de laquelle cet avertissement aura été donné pourra, à partir de ce moment, en tout temps, avant que le versement des appels dûs et des intérêts et frais encourus à son sujet ne soit effectués, être frappée de déchéance, par une résolution des directeurs prise à cette fin.

20. Toute action ainsi frappée de déchéance sera dès lors la propriété de la compagnie ; et il en sera disposé en la manière que la compagnie jugera convenable en assemblée générale.

21. Tout actionnaire, dont les actions auront été frappées de déchéance, sera néanmoins tenu de payer à la compagnie tous les versemens des appels de fonds qu'ils devaient sur ces actions au moment qu'elles ont été déclarées déchues.

22. Une déclaration légalisée, portant que l'appel concernant une action a été fait, que l'avertissement en en a été donné, que le versement de l'appel de fonds n'a pas été fait, et que la déchéance de l'action a été prononcée par une résolution des directeurs à cet effet, sera la preuve suffisante des faits y relatés, même contre toutes les personnes titulaires de cette action. Cette déclaration. et la quittance de la compagnie pour le prix de cette action, constitueront un titre régulier à la possession de cette action ; un certificat de propriété de l'action sera délivré à son acquéreur, en vertu duquel il sera dès lors regardé comme le propriétaire de cette action, qui restera libérée de tous les appels de fonds antérieurs à cette acquisition : il n'aura pas à se préoccuper de l'application de l'argent versé par lui pour le prix de l'action. Son titre de propriété de cette action ne sera vicié par aucune irrégularité quelconque dans les faits et les actes relatifs à cette action.

CONVERSION DES ACTIONS EN STOCK, OU TITRES CONSOLIDÉS.

23. Les directeurs peuvent, après avoir obtenu préalablement la sanction de la compagnie en assemblée générale, convertir toute action libérée en stock ou titres consolidés.

24. Lorsque des actions auront été converties en stock, les divers propriétaires de ce stock peuvent dès lors transférer leurs intérêts respectifs, ou telle partie que ce soit de leurs intérêts, de la même manière et en se conformant aux mêmes prescriptions réglementaires imposées dans la compagnie pour les actions du capital,

selon que les diverses circonstances ou éventualités le prescrivent.

25. Les différents propriétaires de stock auront le droit de participer aux dividendes et bénéfices de la compagnie, suivant le montant de leurs intérêts respectifs dans ce stock, et ces titres d'intérêts conféreront aux actionnaires, au prorata de leur montant, les mêmes priviléges et avantages respectifs, pour voter aux assemblées générales de la compagnie, et pour tous les autres objets, que s'ils étaient conférés par des actions de capital de la compagnie d'une valeur égale ; mais il est entendu qu'aucun de ces priviléges ou avantages, excepté la participation dans les dividendes et bénéfices de la compagnie, ne seront conférés par une part quelconque de stock, si ces priviléges ou avantages n'étaient pas conférés dans le cas où ces intérêts seraient représentés par des actions.

AUGMENTATION DU CAPITAL.

26. Les directeurs peuvent, avec la sanction d'une décision spéciale de la compagnie, votée préalablement en assemblée générale, augmenter le capital social, par l'émission de nouvelles actions. Cette augmentation du capital sera de tel montant et divisée en action de telle valeur respective que la compagnie prescrira en assemblée générale, ou suivant que les directeurs le jugeront convenable, s'il n'y a pas eu de détermination prise à cet égard.

27. Sauf toute décision contraire, qui pourrait être prise par l'assemblée, sanctionnant l'augmentation du capital, toutes nouvelles actions seront offertes aux actionnaires, au prorata des actions lors existantes possédées par eux. Un avertissement leur sera donné de cette offre, spécifiant le nombre d'actions auxquelles l'actionnaire aura droit, et fixant le délai passé lequel, si l'offre n'est pas acceptée, elle sera regardée comme refusée :

ce temps expiré, ou sur la réception d'une déclaration de l'actionnaire, à qui l'avertissement a été donné, qu'il refuse d'accepter les actions offertes, les directeurs pourront en disposer de la manière qu'ils jugeront la plus avantageuse pour la compagnie.

28. Tout capital, ainsi levé par la création de nouvelles actions, sera considéré comme une partie du capital primitif, et sera soumis aux mêmes dispositions, à l'égard du paiement des appels de fonds et de la déchéance des actions pour non-paiement de ces appels, ou pour toute autre cause, comme s'il avait fait partie du capital social primitivement.

ASSEMBLÉES GÉNÉRALES.

29. La première assemblée générale sera tenue à une époque qui ne dépassera pas six mois, après l'incorporation de la compagnie, et au lieu qui sera désigné par les directeurs.

30. Des assemblées générales ultérieures seront tenues, aux jours et lieux fixés par la compagnie en assemblée générale. S'il n'est pas indiqué un autre jour ou lieu, une assemblée générale sera tenue le premier lundi de février de chaque année, au lieu qui pourra être désigné par les directeurs.

31. Les assemblées générales ci-dessus mentionnées seront nommées *Assemblées ordinaires* ; toutes autres assemblées générales seront nommées *Assemblées extraordinaires.*

32. Les directeurs pourront, quand ils le jugeront à propos,—et ils y seront tenus sur la réquisition écrite d'un nombre d'actionnaires qui ne doit pas être au dessous du cinquième en nombre des actionnaires de la compagnie,—convoquer une assemblée générale extraordinaire.

33. Toute demande ainsi faite par des actionnaires exprimera l'objet de l'assemblée qu'ils proposent de

convoquer. Elle sera déposée au siége social enregistré de la Compagnie,

34. A la réception de cette réquisition, les directeurs procéderont immédiatement à la convocation d'une assemblée générale extraordinaire. S'ils ne procédaient pas à la réunir, dans les vingt et un jour de la date de la réquisition, les requérants, ou tous autres actionnaires représentant le nombre requis pourront convoquer une assemblée générale extraordinaire.

MANIÈRE DE PROCÉDER DANS LES ASSEMBLÉES GÉNÉRALES.

35. Sept jours à l'avance au moins, un avertissement sera adressé aux actionnaires, spécifiant le lieu, le jour, l'heure de la réunion, et, dans les cas d'affaires spéciales, l'indication de la nature générale de ces affaires; et ce, de la manière ci-après mentionnée, ou le cas échéant, de toute autre manière que la compagnie prescrira en assemblée générale : mais la non-réception de cet avertissement par un actionnaire n'invalidera pas les opérations faites dans l'assemblée générale.

36. Toute affaire traitée dans une assemblée extraordinaire sera considérée comme spéciale, de même que tout ce qui est fait dans une assemblée ordinaire, excepté la sanction d'un dividende, ou l'examen des comptes, balances, et du rapport ordinaire des directeurs.

37. Aucune affaire ne sera traitée dans une assemblée générale, à l'exception de la déclaration du dividende, à moins que le nombre des actionnaires exigé par les statuts ne soit présent au commencement des opérations. Ce nombre minimum sera calculé de la manière suivante: Si les actionnaires composant la compagnie, au moment de la réunion, n'excèdent pas le nombre de dix, le minimum légal sera cinq ; — Si le nombre dépasse dix, il sera ajouté à ce minimum légal un par chaque cinq actionnaires additionnels, jusqu'à cinquante, et un par chaque dix actionnaires additionnels

après cinquante, avec cette limite qu'aucun minimum dans tous les cas ne sera au-dessous de vingt.

38. Si, après une heure d'attente, au delà fixée pour la réunion, le nombre requis d'actionnaires n'est pas présent, la réunion, si elle a été convoquée sur la réquisition d'actionnaires, sera dissoute. Dans tous autres cas, elle sera ajournée à pareil jour de la semaine suivante, à la même heure et au même lieu ; et si, à cette réunion ainsi ajournée, le nombre voulu d'actionnaires n'est pas présent, elle sera ajournée *sine die.*

39. Le président du conseil des directeurs, s'il y en a un, sera le président des assemblées générales de la Ce.

40. S'il n'y a pas de président du conseil, ou si, à une réunion, il n'est pas présent dans les quinze premières minutes de l'heure fixée pour l'ouverture de la séance, les actionnaires présents choisiront l'un d'eux pour être le président de cette réunion.

41. Le président peut, du consentement de l'assemblée, ajourner toute réunion d'un temps à un autre temps et d'un lieu à un autre lieu ; mais aucune affaire ne sera traitée, à l'assemblée ajournée, que les affaires laissées en suspens à l'assemblée qui a donné lieu à l'ajournement.

42. Dans toute assemblée générale, à moins que le scrutin ne soit démandé par cinq actionnaires au minimum, la déclaration faite par le président qu'une résolution a été adoptée, et son enregistrement porté à cet effet sur le livre des procès-verbaux de la compagnie, seront une preuve suffisante du fait, sans être tenu de prouver le nombre ou la proportion des votes recueillis pour ou contre cette résolution.

43. Si le scrutin est demandé par cinq actionnaires, ou plus, il devra avoir lieu de la manière qui sera déterminée par le président; le résultat de ce scrutin sera

considéré comme étant la résolution de la Compagnie en assemblée générale. En cas de partage des voix dans une assemblée générale, le président aura une seconde voix, ou voix prépondérante.

VOTES DES ACTIONNAIRES.

44. Tout actionnaire aura une voix par action, jusqu'à dix; il aura une voix additionnelle pour chaque cinq actions au-dessus des dix premières, jusqu'à cent; et une voix additionnelle pour chaque dix actions au-dessus du premier cent.

45. Si un actionnaire est fou ou idiot, il peut voter par son conseil judiciaire, son curateur aux biens, ou tout autre curateur légal.

46. Si une ou plusieurs personnes ont conjointement droit à une ou plusieurs actions, l'actionnaire dont le nom est inscrit le premier sur le registre des actionnaires comme l'un des propriétaires de cette action ou de ces actions, et nul autre, aura seul le droit de voter à raison de cette action ou de ces actions.

47. Nul actionnaire n'aura le droit de voter à une assemblée générale, si tous les appels de fonds dûs par lui n'ont pas été payés; et nul actionnaire n'aura le droit de voter, en vertu de toute action qu'il aura acquise par transfert, à une assemblée tenue après l'expiration de trois mois à partir de l'incorporation légale de la compagnie, à moins qu'il ne possède l'action, en vertu de laquelle il réclame le droit de voter, depuis trois mois au moins avant le jour où se réunira l'assemblée à laquelle il se propose de voter.

48. Les votes peuvent être donnés personnellement ou par mandataire.

49. L'acte nommant un mandataire doit être fait par écrit et signé par la personne qui donne le mandat; si cette personne est une société, elle doit porter son sceau et la signature d'un ou plusienrs témoins. Nul ne

sera nommé mandataire s'il n'est pas lui-même actionnaire de la compagnie.

50. L'acte nommant un mandataire sera déposé à l'office enregistré, — au siége social de la compagnie, — soixante-douze heures au moins avant le temps fixé pour la réunion de l'assemblée à laquelle la personne nommée dans ledit acte se propose de voter : aucun acte constituant un mandataire ne sera valable après l'expiration de douze mois de sa date.

51. Tout acte nommant un mandataire sera fait dans la forme suivante :

« Je soussigné C. D.,..... de ....., actionnaire de la compagnie A. B...... limitée, et ayant droit à..... voix, nomme par les présentes C. D......, de....., mon mandataire, pour voter pour moi et en mon nom à l'assemblée générale, etc. »

DIRECTEURS-ADMINISTRATEURS.

52. Le nombre des directeurs et les noms des premiers directeurs administrateurs seront déterminés par les souscripteurs du *Memorandum* d'association.

53. Jusqu'à ce que les directeurs soient nommés, les signataires du *Memorandum* d'association seront considérés comme directeurs.

54. La rénumération future des directeurs, et leur rénumération pour les services rendus antérieurement à la première assemblée générale, seront déterminés par la compagnie en assemblée générale.

POUVOIR DES DIRECTEURS.

55. Les affaires de la compagnie seront administrées par les directeurs, qui auront le droit de payer tous les frais occasionnés par l'organisation et l'incorporation légale de la compagnie. Ils pourront exercer tous les pouvoirs de la compagnie, qui, aux termes de la loi

« the Companies' act. 1862 », ou des présents statuts, ne sont pas réservés pour être exercés par la compagnie elle-même en assemblée générale. Ils se soumettront, en tous cas, à toutes les prescriptions des présents articles réglementaires, aux dispositions de ladite loi, et à tous les règlements, qui ne sont pas icompatibles avec les susdites prescriptions ou dispositions, que la compagnie pourra prescrire en assemblée générale ; mais aucune décision de la compagnie en assemblée générale ne pourra invalider aucun acte antérieur des directeurs, qui serait valable si cette décision n'avait pas été prise.

56. Les directeurs peuvent agir malgré toute vacance dans leur conseil.

INCAPACITÉ DES DIRECTEURS

57. Les fonctions de directeur cesseront :

Si un directeur occupe une autre fonction ou place salariée dans la compagnie ;

S'il tombe en faillite ou en déconfiture (insolvabilité légale) ;

S'il est partie prenante ou intéressée dans les bénéfices de quelque contrat passé avec la compagnie.

Toutefois, les prohibitions ci-dessus seront soumises aux exceptions suivantes :

Un directeur ne perdra pas ses fonctions par le motif qu'il serait actionnaire dans une compagnie ayant passé quelque contrat avec la compagnie dont il est directeur, ou exécuté quelques travaux pour elle : néanmoins, il ne votera pas sur les questions qui concerneront ces contrats ou travaux ; et s'il vote, sa voix ne sera pas comptée.

ROULEMENT DES DIRECTEURS.

58. A la première assemblée ordinaire, après l'incorporation légale de la compagnie, tous les directeurs ces-

seront leurs fonctions. A la première assemblée ordinaire de chaque année subséquente, un tiers des directeurs alors en fonctions, ou, si leur nombre n'est pas un multiple de trois, le nombre le plus rapproché du tiers, cessera ses fonctions.

59. Le tiers, ou le nombre s'en rapprochant le plus, qui devra se retirer à la première et à la seconde année qui suivront la première assemblée générale ordinaire de la compagnie, sera déterminée par ballotage à moins que les directeurs ne soient d'accord entre eux. Dans les années subséquentes, le tiers sortant, ou le nombre s'en rapprochant le plus, sera celui dont les fonctions auront duré le plus lomgtemps.

60. Tout directeur sortant sera rééligible.

61. La compagnie, dans l'assemblée générale où des directeurs cesseront leurs fonctions de la manière sus-indiquée, nommera à ces fonctions vacantes un pareil nombre de personnes.

62. Lorsqu'à une assemblé, où une élection de directeur aurait dû avoir lieu, cette élection pour les fonctions vacantes de directeur n'aura pas eu lieu, l'assemblée générale demeurera ajournée à pareil jour de la semaine suivante, aux mêmes heures et lieu. Si, à cette assemblée ainsi ajournée, les nominations aux fonctions vacantes de directeur ne sont pas faites, les directeurs sortants, ou ceux d'entre eux dont les fonctions n'auront pas été renouvelées par l'élection, continueront leurs fonctions jusqu'à l'assemblée générale ordinaire de l'année suivante ; et ainsi de suite d'année en année, jusqu'à ce qu'une élection ait renouvelé ses fonctions.

63. La Compagnie peut de temps à autre, en assemblée augmenter ou diminuer le nombre des directeurs ; elle peut aussi déterminer le roulement auquel cette augmentation, ou cette diminution, donnera lieu pour sortir de ces fonctions.

64. Toute vacance accidentelle, arrivant dans le conseil

de direction, pourra être remplie par les directeurs; mais toute personne ainsi choisie n'exercera ses fonctions que pendant le temps que les aurait gardées le directeur manquant, si la vacance n'avait pas eu lieu.

65. La Compagnie pourra, en assemblée générale, par une résolution spéciale, destituer tout directeur avant l'expiration du terme de ses fonctions. Elle pourra, par une décision ordinaire, nommer une autre personne en son lieu et place. La personne ainsi nommée n'exercera ses fonctions que pendant le temps que les aurait remplies le directeur, en remplacement duquel elle aurait été élue, s'il n'avait pas été destitué.

FONCTIONS DES DIRECTEURS.

66. Les directeurs peuvent se réunir pour l'expédition des affaires, ajourner et régler leurs réunions, comme ils le jugent convenable, et déterminer le *minimum* nécessaire de membres présents pour la décision des affaires. Les questions traitées dans toute réunion du conseil seront délibérées à la majorité des voix : en cas de partage des votes, le président aura une seconde voix, ou voix prépendérante. Tout directeur peut, à toute époque, convoquer une réunion du conseil.

67. Les directeurs pourront élire un président de leur conseil d'administration, et déterminer la durée de ses fonctions. Mais s'il n'y a pas de président élu, ou si, à une réunion, le président n'est pas présent au moment fixé pour la tenue du conseil, les directeurs présents éliront l'un d'entre eux pour présider la séance.

68. Les directeurs peuvent déléguer tout ou partie de de leurs pouvoirs à des comités formés de tels membres de leur conseil qu'ils jugent à propos de désigner. Tout comité ainsi formé sera tenu, dans l'exercice des pouvoirs à lui délégués, de se conformer à toutes les

prescriptions qui lui auront été imposées par les directeurs.

69. Tout comité peut élire un président pour ses réunions. S'il n'y a pas de président élu, ou s'il n'est pas présent au moment fixé pour la séance, les membres présents choisiront l'un d'entre eux pour être le président de cette réunion.

70. Tout comité peut s'assembler et s'ajourner comme il le juge convenable. Les questions agitées dans tout comité seront décidées à la majorité des voix des mem bres présents : en cas de partage égal des votes, le président aura une seconde voix, ou vote prépondérant.

71. Tous actes de toute réunion du conseil des directeurs, ou d'un comité de Directeurs, ou de toute personne agissant comme directeur délégué, quoique par la suite on vienne à découvrir qu'il y a eu quelque vice dans la nomination de quelqu'un de ces directeurs ou personnes, agissant comme il vient d'être dit, ou que l'un ou plusieurs d'entre eux étaient devenus incapables statutairement, seront aussi valables que si chacune de ces personnes eût été dûment nommée et eût eu capacité de directeur.

DIVIDENDES.

72. Les directeurs peuvent, avec la sanction de la Compagnie en assemblée générale, déclarer qu'un dividende sera payé aux actionnaires, au prorata de leurs actions.

73. Il ne sera payé de dividende que sur les bénéfices résultant des affaires de la Compagnie.

74. Les directeurs peuvent, avant de proposer aucun dividende, mettre de côté, sur les bénéfices de la Compagnie, telle somme qu'ils jugeront à propos, comme fonds de réserve, pour faire face aux éventualités, pour égaliser les dividendes, ou pour réparer ou entretenir

les objets afférents aux affaires de la Compagnie, ou quelque partie d'entre eux. Les directeurs peuvent placer la somme ainsi mise à part comme fonds de réserve, sur telles garanties qu'ils pourront choisir.

75. Les directeurs peuvent déduire des dividendes à payer à tout actionnaire toutes les sommes qu'il peut devoir à la Compagnie, à raison des appels de fonds, ou pour toute autre cause.

76. Avis de tout dividende, qui aura été sanctionné, sera donné à tout actionnaire, de la manière mentionnée ci-après. Tous dividendes votés, qui n'auront pas été réclamés pendant trois ans, pourront être frappés de déchéance au profit de la Compagnie.

77. Nul dividende ne portera intérêt contre la compagnie.

COMPTES.

78. Les directeurs feront tenir des comptes exacts :

— De tout l'actif mobilier de la compagnie ;

— Des sommes d'argent reçues et dépensées par la compagnie, et des causes à l'égard desquelles ces recettes et ces dépenses ont eu lieu ;

— Des crédits et des engagements de la compagnie.

Les livres de comptes seront tenus au siége de la compagnie. Ils pourront être inspectés, sous toutes restrictions raisonnables, aux heures et de la manière qui pourront être déterminées par la compagnie en assemblée générale. Ils seront ouverts à l'examen des actionnaires pendant les heures de bureau.

79. Une fois au moins par an, les directeurs devront soumettre à la compagnie, en assemblée générale, la situation des recettes et des dépenses de l'année écoulée, avec balance ne remontant pas à une date de plus de trois mois avant cette assemblée.

80. L'état de situation ainsi fait mettra en évidence, sous les titres les plus convenables, le montant des re-

cettes brutes, avec distinction des différentes sources dont elles sont dérivées, et le montant des dépenses brutes, en distinguant les dépenses de l'établissement, les salaires et les autres matières analogues. Chaque article de dépense convenablement faite, sur les produits de l'année, sera portée au compte, de manière qu'une balance exacte des profits et pertes puisse être soumise à l'assemblée. Dans le cas où des articles de dépense, qui pourraient en réalité être répartis sur plusieurs années, seraient portés sur une seule, le montant de ces dépenses sera porté sur l'état, en y adjoignant les motifs pour lesquels il n'a pas été porté seulement une partie de ces dépenses à la charge des produits de l'année.

81. Un état balance sera dressé chaque année et soumis à la Compagnie, en assemblée générale. Cet état-balance comprendra un sommaire de l'actif et du passif de la Compagnie, arrangés sous des titres disposés dans la forme du modèle annexé ci-après, ou s'en rapprochant le plus, autant que les circonstances le permettront.

82. Une copie imprimée de cet état-balance sera délivrée à chaque actionnaire, sept jours avant l'assemblée générale, de la même manière qui sera ci-après fixée par les notifications sociales.

VÉRIFICATION DES COMPTES.

83. Une fois au moins par an les comptes de la Compagnie seront vérifiés, et l'exactitude de l'état balance sera certifiée par un ou plusieurs censeurs ou vérificateurs.

84. Les premiers censeurs ou vérificateurs seront nommés par les directeurs. Les censeurs ou vérificateurs suivants seront nommés par la Compagnie en assemblée générale.

85. S'il n'est nommé qu'un seul censeur ou vérificateur, toutes les dispositions ici contenues, relatives aux censeurs ou vérificateurs, lui seront applicables.

86. Les censeurs on vérificataeurs peuvent être actionnaires de la Compagnie. Toutefois, n'est pas éligible en cette qualité toute personne ayant dans quelque affaire de la Compagnie un intérêt autre que celui d'actionnaire : les directeurs, et toutes autres personnes attachées à l'administration de la Compagnie, ne sont pas non plus éligibles pendant la durée de leurs fonctions.

87. L'élection des censeurs ou vérificateurs sera faite par la Compagnie, dans l'assemblée générale ordinaire de chaque année.

88. La rémunération des premiers censeurs ou vérificateurs sera déterminée par les directeurs. Celle des censeurs ou vérificateurs suivants sera fixée par la compagnie en assemblée générale.

89. Tout censeur ou vérificateur est rééligible à l'expiration de la durée de ses fonctions.

90. S'il survient une vacance accidentelle dans les fonctions d'un censeur ou vérificateur nommé par la compagnie, les directeurs convoqueront immédiatement une assemblée générale extraordinaire, à l'effet de pourvoir à ce remplacement.

91. Si aucune élection de censeurs ou vérificateurs n'a lieu de la manière susindiquée, le conseil du commerce « Board of Trade » peut, sur la requête de cinq actionnaires au moins, nommer un censeur ou vérificateur pour l'année courante, et fixer les honoraires à lui payer par la compagnie pour ses services.

92. Il sera remis à chaque censeur ou vérificateur une copie de l'état balancé, et il sera de son devoir de l'examiner avec les comptes et pièces à l'appui.

93. Il sera délivré à chaque censeur ou vérificateur une liste de tous les livres tenus par la compagnie. Il aura accès, à tous les moments convenables, aux livres

et comptes de la compagnie; il pourra, aux frais de la compagnie, employer des comptables ou autres personnes pour l'assister dans l'examen de ces comptes, et il pourra, au sujet de ces comptes, entendre les directeurs ou tous autres employés de la compagnie.

94. Les censeurs ou vérificateurs feront leur rapport aux actionnaires sur l'état-balance et les comptes ; dans leur rapport, ils déclareront si, dans leur opinion, l'état-balance est correct et sincère, s'il contient les particularités requises par les articles statutaires, s'il est établi convenablement, de manière à reproduire un tableau exact et fidèle de l'état des affaires de la compagnie, et, dans le cas où ils auraient demandé des explications aux directeurs, si ces explications ou renseignements leur ont été dûment donnés par eux, et s'ils ont été complétement satisfaisants. Ce rapport sera lu à l'assemblée générale ordinaire, en même temps que le rapport des directeurs.

95. Chaque notification qui pourra être faite par la Compagnie aux actionnaires sera effectuée, soit personnellement, soit en l'envoyant par la poste dans une lettre affranchie, adressée à chaque actionnaire à son domicile inscrit au siége social.

96. Toutes notifications qui devront être faites à des actionnaires, relativement à des actions dans lesquelles plusieurs personnes ont un droit collectif, seront faites à celle de ces personnes dont le nom sera inscrit le premier sur le registre des actionnaires ; cette notification ainsi faite sera valable et suffisante à l'égard de tous les propriétaires de ces actions.

97. Toute notification, si elle est envoyée par la poste, sera considérée comme ayant été exactement faite, au moment même que la lettre qui la contient aura été délivrée dans la distribution ordinaire de la poste ; et, pour prouver cet envoi, il sera suffisant de prouver que la lettre contenant les notifications a été bien adressée et remise au bureau de la poste.

MODÈLE

DOIT. *État-Balance de la Compagnie* dep

CAPITAL ET ENGAGEMENTS.				
I. Capital.		MONTRANT OU REPRÉSENTANT :		
	1	Nombre des actions...............		
	2	Montant payé sur les actions.......		
	3	S'il y a un arriéré dans les appels, la nature de l'arriéré et les noms des défaillants. Tout arriéré dû par un directeur ou un employé de la Compagnie doit être constaté séparément................		
	4	Particularités relatives aux actions frappées de déchéance..........		
II. Dettes et créances sur la compagnie (créances passives).		MONTRANT OU REPRÉSENTANT :		
	5	Montant des emprunts sur hypothèques ou sur reconnaissances..		
	6	Montant des dettes de la Compagnie, ainsi désignées :		
		(*a*) Dettes pour lesquelles des acceptations ont été données.		
		(*b*) Dettes envers des commerçants pour fourniture de marchandises ou autres articles....................		
		(*c*) Dettes pour dépenses de procès......................		
		(*d*) Dettes pour intérêts sur reconnaissances ou autres emprunts...................		
		(*e*) Dividendes non réclamés....		
		(*f*) Dettes non énumérées ci-dessus......................		
VI. Fonds de réserve.		MONTRANT OU REPRÉSENTANT :		
		Montant mis de côté sur les bénéfices pour faire face aux éventualités..........................		
VII. Profits et pertes.		MONTRANT OU REPRÉSENTANT :		
		La balance disponible pour le paiement des dividendes, etc.......		
Créances casuelles.		Réclamations contre la Compagnie, non reconnues comme dettes....		
		Sommes à raison desquelles la Compagnie est fortuitement responsable.....................		
		TOTAL...........		

jusqu'au 186 AVOIR.

		BIENS ET ACTIF.		
Propriétés ssédées par Compagnie.		MONTRANT OU REPRÉSENTANT:		
	7	Propriétés immobilières ainsi désignées:		
		(a) Propriétés et biens-fonds libres..................		
		(b) Bâtiments (propriétés ou biens-fonds libres)........		
		(c) Bâtiments (à bail)..........		
	8	Propriétés mobilières distinguant: fonds de commerce ou marchandises, plantations ou *productions végétales*......................		
		En donner le prix coûtant, avec déduction de la moins-value pour entretien, portée au fonds de réserve ou aux profits et pertes......................		
Dettes dues la Compa-e (créan-actives).	9	Dettes considérées bonnes, pour lesquelles la Compagnie a des billets ou autres garanties.......		
	10	Dettes considérées bonnes, pour lesquelles la Compagnie n'a pas de titres ou garanties...........		
	11	Dettes considérées comme douteuses ou mauvaises..............		
		Toute dette due par un directeur ou autre employé de la Compagnie doit être établie séparément.		
		MONTRANT OU REPRÉSENTANT:		
. Argent n caisse. acements.	12	La nature du placement et le taux de l'intérêt....................		
	13	Le montant de l'argent comptant, où il est déposé, et s'il porte intérêt........................		
		TOTAL..........		

TABLE DES MATIÈRES.

Pages

Paris. — Imprimerie de E. Brière, rue Saint-Honoré, 257.

www.ingramcontent.com/pod-product-compliance
Ingram Content Group UK Ltd.
Pitfield, Milton Keynes, MK11 3LW, UK
UKHW022056260726
13993UKWH00001B/142

9 782329 292526